Discours sur la liberté humaine

Les chroniques d'un survivaliste

Ben Wood Johnson, Ph.D.

TESKO

Middletown (Pennsylvanie)

Johnson, Ben Wood
Discours sur la liberté humaine / Ben Wood Johnson. — Tesko Publishing ed.
ISBN-13 : 978-1-948600-32-3 (pbk.)
ISBN-10 : 1-948600-32-3

Ce livre a été publié pour la première fois en anglais en septembre 2020
Les informations illustrées dans ce livre ont été compilées pour un projet scolaire. L'analyse est basée sur des notes de classe et d'autres matériaux.

Johnson, Ben Wood
Discours sur la liberté humaine

Adresse du site Web de Tesko Publishing : www.teskopublishing.com

Tesko Publishing/Eduka Solutions
330 W. Main st #214
Middletown, PA 17057, États-Unis

Imprimé aux États-Unis d'Amérique

Illustration de couverture Wood Oliver

À ceux qui sont passionnés par la liberté partout dans le monde

Table des matières

Ben Wood Johnson

Contenu

Prologue

Être libre, c'est d'être sans aucune contrainte. Être dépourvue de restrictions ou être sans une paire de menottes (ceci qu'elles soient dans l'esprit ou dans la chair) c'est d'être indépendant de tout ce qui est (ou tout ce qui pourrait être). Toutefois, cet état d'être est presque impossible. Il est donc bien dans le domaine de la logique de conclure qu'aucun être vivant n'est libre, ou du moins, ce n'est pas le cas, tout au moins sur cette planète.

Pourtant, la plupart des gens croient qu'ils sont libres. Qu'est-ce qui pourrait expliquer une telle allocution du monde? Pourquoi pensons-nous que

Ben Wood Johnson

nous sommes libres ? Si nous étions libres, le serions-nous ? Et si c'était le contraire, le serions-nous aussi ?

Cette œuvre explore, bien qu'elle le fasse brièvement dans cet instant, l'intellection de la liberté humaine. C'est une réflexion assez profonde comme ça sur la notion de liberté. C'est une approche scabreuse pour tenter d'élucider le concept de l'autodétermination chez l'homme. Ainsi, l'analyse condimentée à travers cette diatribe est dans un contexte particulier. L'objectif c'est de mettre l'accent sur les fausses notions de liberté chez l'homme.

J'ai commencé à écrire ce livre il y a de nombreuses années. Quelque part, j'ai été détourné par d'autres projets littéraires. À la lumière de l'éclosion du coronavirus, j'ai cru comprendre que le lien entre l'indépendance individuelle et la façon dont celui-ci pourrait être exhibé à un moment donné et le droit du collectif de passer outre aux droits individuels sont devenus flous. J'ai compris que les arguments soulignant l'importance de la liberté individuelle n'étaient pas nécessairement inclus dans le débat. J'ai décidé de revenir sur le sujet.

Le livre n'explique pas certains concepts abstraits. Il n'explore pas non plus le terme liberté dans son ensemble. Le but c'est d'explorer la mesure dans laquelle les êtres humains sont libres. Un autre objectif, bien qu'il soit repris aléatoirement tout au long du manuscrit, est de déterminer si une personne peut être libre dans le monde sans aucune condition ou si celle-ci pourrait être ainsi sans aucune restriction ou sans aucune barrière, et ceci qu'elle soit morale, mentale ou physique.

Le texte taxe les obstacles qui pourraient entraver la liberté humaine. Évidemment, ce titre ne fait pas de conclusion inéluctable sur le concept de liberté. En dépit de ses limites, ce travail n'est pas une poursuite intellectuelle fictive. Il a été conçu pour pâlir votre curiosité à propos du sujet.

Ce livre propose une approche pratique pour vous aider à comprendre les implications de toutes notions débattant le concept de liberté chez l'homme. Il offre des exemples concrets pour clarifier les points de vue qui imprègnent le débat. Peut-être que les idées reprises tout au long du texte vous aideront à donner un sens propre à la littérature sur des causeries visant à débattre la question de la liberté humaine.

L'intimation communément appelée la liberté n'est pas une idée controversée. Pour la plupart, il n'y a pas de désaccord dans la littérature. Néanmoins, ce titre offre une opinion assez contrastée comme ça.

Le texte comprend vingt et un chapitres. Ils ne sont pas longs. Ces chapitres sont cohérents ; ils sont succincts.

En outre, le livre contient des commentaires intuitifs sur la question de la liberté individuelle. Il explore le choix que l'individu pourrait entreprendre dans son quotidien. Ce titre examine les actions et les omissions que la personne pourrait contempler, et ceci en toutes circonstances et en tous lieux.

Le livre est sous la forme d'une compilation de courts libellés. Toutefois, les analyses décrites dans le document ne sont pas le résultat d'une observation empirique. Cette œuvre s'est inspirée tout d'abord de certaines expériences personnelles. De la sorte, les observations mises en évidence tout au long du manuscrit émanent du point de vue d'un immigrant.

Ce titre est une collection d'essais. Le texte est sous-dimensionné, ceci considérant la nature du présent discours sur le sujet. Le livre ne se penche pas sur des questions philosophiques alambiquées. Les points de vue présentés à travers celui-ci sont circonscrits dans un contexte spécial. Cependant, ne laissez pas cela vous dissuader de lire cette anthologie à fond. C'est une grande pièce intellectuelle, si j'ose le dire. Je vous encourage à vous immerger le plus profondément possible dans le document.

Bonne lecture !

Ben Wood Johnson, Ph.D.

Janvier 2021

03/05/22

Introduction

Dans le présent discours littéraire, il n'y a pas de pénurie d'écrits sur la liberté humaine. Vous auriez peut-être du mal à ne pas trouver un livre dans votre bibliothèque, qui ne parle pas de la liberté chez l'homme. Nonobstant, certains de ces écrits pourraient avoir une orientation politique. Cela va de soi, je pourrais conclure que vous avez une idée de la façon dont les érudits, les savants de la littérature, les penseurs ou même les philosophes (qu'ils soient contemporains ou de l'Antiquité) parlent de la liberté humaine.

Ben Wood Johnson

Malgré les points de vue communs à propos du terme « la liberté », nous n'avons aucune idée de ce que cette conception implique vraiment, surtout dans le sens pratique. Mais ce que nous savons sur le phénomène est manifestement faux. Pour ces raisons, ce dont nous comprenons (être) la liberté dans son sens le plus simpliste est tout sauf cela.

La liberté humaine, je vais dire dans un contexte intellectuel, est insaisissable. C'est un truc. C'est une erreur. C'est une considération d'agrément qui n'a aucune utilité réelle pour notre survie continuelle. C'est un atout de moins pour nous aider à concrétiser nos désirs les plus fétiches au cours de notre voyage perfide dans ce monde. La liberté nous sera toujours illusoire à moins que nous comprenions la nécessité d'être libre dans son sens le plus fondamental.

Sur cette pierre appelée terre, il n'y a pas de liberté. Cela étant dit, il existe une panoplie de façons d'interpréter un état d'être similaire à celui d'être libre. De la sorte, cette construction subjective du concept de la liberté pourrait devenir un facteur déterminant pour notre existence à long terme.

Certains ne seront peut-être pas en accord avec les points de vue que je vais cancaner tout au long du manuscrit. J'offre une approche particulière sur la vanité de la liberté humaine. Ainsi, la position que je vais faire écho dans cette diatribe ne serait être à l'unanimité. Avec un peu de chance, pour ainsi dire, j'espère vous pousser à changer votre avis vis-à-vis de mon avis.

Si vous lisez encore cette brève introduction, vous êtes peut-être ouverts à une nouvelle approche dans le débat sur la question de la liberté chez l'homme. Peut-être que vous êtes curieux. Peut-être que vous voudriez savoir ce que je vais dire pour discerner ma portée intellectuelle. Quoi qu'il en soit, je vous encourage à rester avec un esprit ouvert pendant votre évaluation de ce travail.

La plupart des gens diront que la liberté, ceci dans son sens le plus idolâtre, est réelle. De même, certains diraient aussi qu'ils sont toujours libres d'être quand, comment ou la façon dont ils voudraient être. La liberté, de leur point de vue, est un état d'être facile à atteindre. La liberté, d'un point de vue étroit aussi, est toujours réalisable. La liberté, de cette vision du monde, est en tout temps durable.

Les points de vue illustrés antérieurement sont aberrants. Je jaspinerais que ces approches sont erronées. Je vais vous dire pourquoi je dis cela.

La liberté est une vision du monde qui n'a rien avoir avec le monde en soi. C'est une passion inutile. Cette liberté est réelle dans la mesure où vous voulez qu'elle le soit. C'est une liberté éphémère. Celle-ci est une illusion. Ce n'est ni vrai ni faux. Cette liberté est irréelle, et ceci dans la mesure où d'autres le souhaitent. Vous n'êtes ni libre, ni vous ne pourriez être de cette façon en aucun cas et à aucun moment.

Votre sens de liberté est intangible. Votre volonté d'être émancipé est chimérique. Votre liberté perçue (ou aperçue) est un mythe. Votre soi-disant « liberté », votre sens supposé de soi, et même votre soi-disant « autodétermination », pour le dire ainsi, ne sont pas de ce monde. Tout ce que vous avez, c'est la perception d'être libre qui, en soi, ne pourrait jamais être réelle dans le sens palpable. La liberté, si vous en aviez un sens, serait toujours relative à votre capacité à vous imaginer ainsi.

Sans tenir compte de toutes les hypothèses sur la notion de liberté chez l'homme, je vais promouvoir une approche différente dans ce débat. En contrepartie des récits communs sur le concept, j'ai un point de vue assez singulier comme ça. Il est incontestable que la plupart des gens croient qu'ils sont libres. Néanmoins, je vais faire valoir un avis contraire dans cette diatribe. Si vous souhaitez savoir plus sur la question de la liberté humaine, rejoignez-moi dans cette aventure littéraire.

Discours sur la liberté humaine

1

La liberté comme une erreur

La liberté humaine, ou du moins, la façon dont la plupart des gens assimilent ce concept résulte souvent d'une croyance erronée de la réalité de soi. La liberté que l'homme perçoit est antagonique à la nature de celui-ci. Quoi que l'homme dise ou quoi qu'il fasse, cela ne pourrait pas changer son sort accablant dans le milieu naturel.

La liberté que l'homme s'imagine ne serait être de ce monde. C'est pour le moins un mensonge. La façon dont une personne pourrait envisager sa liberté serait toujours irréelle.

Discours sur la liberté humaine

Le concept de liberté humaine, pour le redire sans ambages, c'est un fourvoiement. C'est ainsi de toutes les façons imaginables ou de toutes les manières concevables.

Les êtres humains concoctent la liberté comme un mécanisme pour mettre à nu leur existence dans un monde dépourvu de sens. La quête de la liberté, tout au moins la façon dont nous la saisissons, est toujours en futilité. Cette liberté, si j'ose l'appeler ainsi, reflète la perception que les êtres humains ont de leur réalité propre dans le monde. Mais ce point de vue, dans son ensemble, n'est pas une représentation candide de la vérité de l'homme.

La liberté que les hommes perçoivent n'est pas réelle, et ceci même dans sa forme la plus tangible. L'actualité que les êtres humains perçoivent comme un état d'être libre est, pour faire écho, antithétique à la postulation de la liberté elle-même. L'humanité n'avait pas été conçue pour être libre. La nature ne permet pas (ou ne pourrait pas permettre) aux êtres humains d'être libres.

Penser que nous sommes libres est une façon de faire face à notre désinvolture dans notre monde. C'est une façon de nier notre état de réclusion dans un espace déprimant. Nous sommes dans un état de délabrement dans ce monde, ce qui est à perpétuité. Nous ne serons jamais libres tant que nous serons ancrés sur terre.

Bien que nous puissions penser que nous sommes libres, nous savons que nous ne jouirons jamais de quelque chose qui ressemble à la liberté au sens réel. Mais cette déduction crée souvent un sentiment de faillibilité en nous. Cette vérité exacerbe souvent notre sentiment de précocité dans un monde conçu pour extirper notre existence à tout moment.

La recherche de la liberté est une évasion. Elle nous permet de nier notre réalité sociale. C'est souvent une poursuite spéculative et à la fois frivole.

Plus nous aspirons à la liberté, plus nous nous asservissons au nom de celle-ci. Plus nous cherchons la liberté, plus nous nions notre nature en conséquence. Plus nous nions notre naturalité, plus nous aimerions nous en éloigner. Mais le plus loin que nous prétendons être de notre nature, plus nous nous rapprochons d'elle. Nous nous efforçons de réfuter une absoluité, qui ne disparaîtra jamais.

La liberté est inaccessible pour d'autres raisons. Nous ne pourrions jamais être libres tant que nous

évoluons dans le naturel. Même dans l'abstrait, nous
ne serions jamais libres tant que nous évoluons dans
un arrangement social. La plupart des gens sont
convaincus qu'ils sont libres. Pourquoi y a-t-il une telle
incongruité dans la vérité que les êtres humains font
face (ou même ce qu'ils perçoivent) tous les jours de
leur vie ?

Je ne pourrais discerner la raison pour laquelle une
personne pourrait concocter sa liberté. Je ne pourrais
comprendre la façon dont une personne pourrait
percevoir sa liberté, même si ce n'était pas le cas en
aucune façon, en aucune forme, ou d'aucune manière.
Je ne pourrais déduire comment les individus
construisent leur liberté ou l'absence de cela.
Toutefois, il est nécessaire d'examiner, même si je ne le
fais pas de façon exhaustive ici, la mesure dans
laquelle les êtres humains sont libres.

La matérialité humaine (qu'elle soit naturelle,
sociale ou autre) est démoralisante. Nous sommes
conscients de cette réalité. Nous devons faire face à
celle-ci, et ceci même lorsque nous pourrions être
incapables de le faire.

Nous vivons dans un monde coercitif (sinon c'est
un milieu artificiel). Tout ce que nous faisons dans ce

milieu (ou tout ce que nous omettons de faire dans celui-ci) est requis de nous ; il peut être adjuré de nous comme une condition préalable afin que nous puissions être.

Parfois, notre nature réclame que nous existions d'une certaine manière. D'autres fois, nous nous engageons à exister d'une manière particulière. En tout temps et de toutes les façons possibles (ou même de toutes les manières imaginables par l'esprit humain), nous sommes sous contrôle. Cet état de servitude sempiternelle nous empêche d'exister par nous-mêmes.

Il est peu probable que nous soyons au-delà du hasard. Mais nous inventons un mécanisme d'adaptation pour faire face à notre désir constant d'être à l'abri de nos emprises naturelles. Peu importe, c'est une poursuite inutile. Nous inventons un appareil mental pour accepter notre manque de liberté. On se ment ; on se dupe.

Les êtres humains ne sont pas libres. Aussi farfelue que cette idée puisse paraître à certains, elle est vraie au sens le plus trivial. La liberté est une notion de béatitude, qui ne porte aucune vérité tangible. En conséquence, les êtres humains ne sont pas libres et ne pourraient jamais être de cette façon.

Une personne ne pourrait jamais être libre, du moins, pas sur cette planète. Qu'est-ce qui pourrait expliquer cette réalité ? La vérité la plus évidente c'est que nous n'avons pas la capacité d'être libres. Nous n'avions pas été conçus pour être de cette façon.

Pour que nous (les êtres humains) soyons libres, nous devrions être déconnectés du naturel. Nous aurions dû être sans fils, ce qui serait aussi paradoxal dans la nature, car nous avions été conçus à partir de la nature. Notre nature est liée au naturel. Nous ne pouvons exister que dans le naturel.

Pour être libres, du moins, comme les êtres humains ont tendance à concevoir cet état d'être dans le monde, nous aurions dû avoir des caractéristiques semblables à ceux de Dieu. Pour atteindre la liberté de soi ou du naturel, nous aurions dû avoir des traits mondains. Pour ainsi dire, nous aurions dû détenir des attributions étrangères. Nous aurions dû posséder des capacités extraterrestres.

Puisque les êtres humains ne possèdent aucune des particularités précédemment notées, nous ne pourrions jamais être libres. Nous ne pourrions, en aucun cas, être dépourvus de nous-mêmes. Nous ne pourrions, même par hasard, être en dehors du domaine du naturel.

La liberté, ou du moins, comme les êtres humains la perçoivent ou l'aperçoivent, est une chimère. C'est le fruit de notre imagination indomptée. Nous ne pourrions jamais être comme ça. Ce n'est pas ainsi sur cette terre boueuse.

Quoique l'on dise ou quoique l'on fasse, nous sommes un ingrédient de ce marais en pourrissement. Nous ne pourrions pas être libres dans un milieu conçu pour accaparer notre être quand il le veut. Nous n'avons aucune emprise tangible sur notre destin, même si nous avons tendance à penser que nous le faisons.

Dans le naturel aussi, les êtres humains comptent dans une certaine mesure. En tant que tels, nous faisons partie du naturel en soi. Nous faisons de notre monde ce qu'il est. Mais nous ne pouvions que sculpter le monde dans la mesure où le monde nous permettrait de le sculpter.

Nous faisons partie de nos bonnes et de nos mauvaises fortunes dans un milieu que nous n'avons pas interprété ou ne pouvions pas réorganiser.

Indépendamment de notre réalité, nous appartenons au naturel. Nous sommes inscrits dans notre nature. Nous dépendons de notre nature. Le naturel et *Nous* (les êtres humains) sommes les mêmes.

Le monde n'est pas une entité exogène à soi. Tout fonctionne à l'unisson dans ce milieu. Dans le paysage où évoluent les êtres humains, chaque entité fait partie de la nature. Mais tout ce qui constitue la nature provient d'une multitude. Celle-ci, à son tour, forme l'entité que nous connaissons comme la planète Terre. Dans le sens le plus concret, aucune entité vivante ne pourrait être exemptée de l'emprise du naturel. C'est l'essence de notre destin sur cette terre.

Oui, nous avons les pieds sur terre ; nous sommes censés être des hommes ordinaires. Nous sommes censés être des êtres humains. Nous n'étions pas conçus pour être des super hommes. Nous ne sommes pas censés être des super-humains.

En faisant les affirmations précédentes, j'admets que déchiffrer le terme liberté n'est pas si simple que cela. Il n'est pas aussi facile d'élucider ce concept en contexte. Ce livre ne détient pas l'ultime vérité sur la question de la liberté. Il pourrait être difficile d'expliquer la nature de la liberté humaine, et ceci de manière objective. Cette œuvre reflète mes propres préjugés et mes propres idées préconçues.

Le concept de liberté est exceptionnellement subjectif. Les opinions sur la notion peuvent être idéologiques ou même politiques. Je ne pourrais pas parler au nom de l'humanité dans son ensemble, tout au moins, pas dans cette œuvre littéraire ou peut-être pas dans ce contexte. Malgré cette réalisation indéniable, j'espère examiner les présomptions communes sur la notion de la liberté humaine. Je le ferai surtout à partir d'une approche philosophique.

Discours sur la liberté humaine

2

Le confinement et la liberté

Entre 2019 et 2020, une pandémie avait englouti le monde. C'était le coronavirus (également connu sous le nom de Covid-19). Cette maladie a révélé l'imperfection humaine la manière la plus choquante. Elle a dilué notre grandeur perçue sur le naturel.

Du jour au lendemain, des millions de personnes sont tombées malades. En peu de temps, des millions d'autres avaient péri sous l'emprise féroce de cette maladie si contagieuse. Pour la plupart, c'était surréaliste. Le virus avait fait des ravages dans divers pays. C'était flagrant ; c'était violent.

Pendant un court moment, les hommes avaient dû à accepter la vérité désagréable de leur nature, ce qui est sans conséquence dans le naturel. Ils avaient dû à accepter leur précocité perpétuelle sur une planète conçue pour consommer chaque partie de leur être.

Les êtres humains avaient dû à accepter leur défaite. Ils avaient dû se rendre corps et âme au virus. Beaucoup de gens avaient réalisé leur fragilité dans une hotte, dont ils connaissaient peu. Ils s'étaient rendu compte qu'ils ne savaient absolument rien de soi dans le naturel.

Avant l'expansion de la maladie, il n'y avait pas de solutions tangibles. Les gouvernements avaient été pris au dépourvu. Même nos soi-disant scientifiques ne pouvaient piper mots. Ils ne pouvaient nous rassurer que tout allait bien se passer.

Les sociétés modernes étaient à genoux. Les soi-disant « nations développées » imploraient la miséricorde. Certains dirigeants avaient eu recours à la piraterie en haute mer. C'était la seule façon, selon eux, pour assurer leur survie, qu'ils considéraient en péril. Ils s'étaient rabaissés à un niveau jamais vu dans les annales de l'histoire. La panique avait atteint un point jamais imaginé, ou du moins, pas dans les temps modernes.

De nombreux dirigeants avaient fait appel à Dieu. D'autres comptaient sur la providence pour obtenir une exemption quelconque. Ils avaient fait appel aux rois mages et aux prêtres pharaoniques pour faire apparaitre un génie qui pourrait résoudre tous les maux qu'apportât la maladie tant impérieuse que désastreuse du coronavirus.

Certains dirigeants avaient rebroussé chemin sur leurs technologies, pensant qu'ils trouveraient l'ultime panacée digitalisée pour guérir la maladie dans l'œuf. Là encore, il n'y avait pas de vrai espoir. Beaucoup avaient découvert que les meilleures technologies que les êtres humains avaient à offrir au monde étaient mondaines et, pour ainsi dire, maniérées, ceci pour ne pas dire, dépourvue de tous sens du bon sens. Les soi-disant avancées technologiques étaient inutiles par-devant la férocité de la virulente maladie bohémienne et bubonique en nature.

Pendant la pandémie, le gouffre qui existait entre les riches et les pauvres était devenu mesquin. La capacité de certaines personnes à vivre dans le confort, tandis que d'autres s'attirent dans une pauvreté abjecte, était devenue un super flux. Le fossé entre ceux qui sont riches et ceux qui sont pauvres était devenu immatériel.

Ceux qui, pendant des années, prétendaient être les héritiers de super humains avaient découvert que ce n'était pas du tout le cas. Ils s'étaient rendu compte, de la manière la plus vexante, bien sûr, que la vie, ou du moins, comme ils avaient toujours connu, n'étaient pas relatifs au degré de richesse, de statut social, d'affiliation religieuse ou même du pays d'origine d'une personne. Ils avaient découvert qu'ils étaient dans le même bateau avec tout le monde. Il était devenu évident que nous, en tant qu'espèces, vivions la même aventure sordide sur une planète non ségréguée.

Pendant la pandémie, nous avions découvert que nos hôpitaux (dits modernes) étaient mal équipés pour faire face aux maladies séculaires et aux maladies banales, que le naturel fournit généralement les ingrédients nécessaires pour guérir rapidement et bien. Nous n'étions pas prêts à affronter la nature dans son état le plus élémentaire. Contrairement à ce que nous nous étions dit, nous n'avions pas maîtrisé le naturel après tout.

Nos soi-disant « meilleurs médecins » avaient été submergés par l'agressivité de la maladie exubérante du coronavirus. Les travailleurs de la santé ne pouvaient pas répondre aux besoins de la population, qu'ils étaient censés servir. Même eux avaient besoin d'aide. Oh, c'était un gâchis.

Au cours de l'apogée de l'épidémie mortelle, il était devenu évident que la médecine moderne était un coup de publicité, car elle ne pouvait fournir aucune réponse tangible, ce qui pourrait nous aider à faire face à la situation désastreuse que l'humanité avait été confronté. Devant la force brute du naturel (la mère Nature, pour ainsi dire), la communauté scientifique était dans les limbes. Tout ce qu'ils pouvaient faire était de se cacher de la colère de la maladie comme n'importe qui d'autre.

Personne n'avait de réponses. Personne ne savait ce qui se passait. Personne ne savait quoi faire pour apaiser la douleur et la souffrance qui tourmentaient la planète. C'était un jeu de devinettes.

L'humanité, j'irais aussi loin pour dire, était délaissée à elle-même. C'était un paradis pour les charlatans ; c'était une belle fête pour les charognards sociaux ; c'était une merveilleuse occasion pour les prédateurs économiques.

C'était la propagation indécente d'idéologies politiques, qui pour la plupart étaient erronées. Les démagogues avaient tenu une place de gloire. Des hommes sans aucun sens de décence et de bienséance étaient à l'honneur en ces temps de frayeur.

Beaucoup de gens avaient cherché à profiter de la crise autant qu'ils le pouvaient. Certaines personnes avaient concocté des politiques qui, selon elles, contribueraient à réduire la pandémie, sinon, à arrêter la propagation de la maladie. Malgré tout, le nombre de personnes décédées du virus avait continué d'augmenter. Beaucoup d'autres gens s'étaient rétablis.

Peut-être en réponse à l'hystérie ou au battage médiatique qui s'était accru au sujet de la maladie, les dirigeants avaient cherché à reprendre le contrôle de la situation. Par peur, par mauvaise foi, ou peut-être par ignorance, les gouvernements du monde entier avaient adopté des mesures rigoureuses. Ils avaient dit que de telles actions étaient nécessaires pour freiner la propagation du virus.

Ben Wood Johnson

Malgré les efforts entrepris pour arrêter la maladie, de nouveaux cas avaient augmenté comme un feu de forêt en liesse. Le virus était partout. Aucun pays n'avait été exempté. Aucune classe sociale n'avait été épargnée. Aucun système de castes sociales n'avait été hors du coup. C'était un moment assez déprimant comme ça. L'humanité se trouvait la plus proche d'un cataclysme, ou du moins, c'était ainsi dans la mémoire la plus récente.

Discours sur la liberté humaine

3

Une indécence indécente

Au milieu de la crise sanitaire mondiale provoquée par l'épidémie de coronavirus, beaucoup de choses inopportunes avaient eu lieu. La population du monde s'était retrouvée aux abois. Il y avait une attaque extraordinaire contre la liberté individuelle. Au nom de la protection du collectif (ou au nom de la protection de la société), il y avait un mépris flagrant pour les droits de l'homme. C'était comme si la civilisation humaine avait été rétrogradée à l'âge de la pierre taillée.

Les dirigeants du monde entier (en grande partie des autorités défroquées) avaient décidé, le plus souvent unilatéralement, ce qu'ils considéraient comme de bonnes pratiques pour le collectif. Ils avaient décidé quelle conduite était appropriée, sinon nécessaire, pour l'individu. Ils avaient envahi la personne dans son être le plus intrinsèque. Plusieurs entités, diront certains, avaient atteint un statut d'éminence dans la société. Certains s'étaient accordé le statut de Dieu ou ils avaient prétendu être de cette façon.

Au cours de cette période, qui, selon certains observateurs, fait toujours partie de notre nouvelle réalité, la protection de la vie privée avait moins d'importance. La liberté individuelle, dans de nombreux cas, avait disparu. Le droit d'être sur leur personne, que la plupart des gens pensaient qu'ils avaient, avait également disparu.

Certains pays avaient adopté des politiques de verrouillage, qui obligeaient l'individu à rester chez soi. Dans la plupart des endroits autoritaires, il y avait des couvre-feux. La police patrouillait dans les rues avec des matraques, avec toutes sortes de machins, avec des engins lourds et avec des appareils sophistiqués, qui, vraisemblablement, ont été fabriqués spécifiquement pour intimider ou pour abuser les gens. La force brute des dirigeants à faire respecter leur autorité était visible.

La plupart des pays avaient imposé des politiques draconiennes, comme le port de masques. Les autorités avaient appliqué des règles sociales capricieuses avec un degré d'insensibilité qui n'aurait de sens que dans un monde dystocique ou dans un cauchemar. Les personnes infectées par le virus avaient été placées en quarantaine. Les personnes soupçonnées d'être infectées avaient été mises de côté. Il y avait un sentiment de peur général.

Une perception de dédain et de mépris avait envahi les esprits. Tout le monde était abattu. Tous les esprits divins étaient dévêtus. Le monde était dépourvu de tout et de rien.

La dévastation et le désespoir étaient partout. La condescendance de ceux qui se sentaient précieux était indéniable. Beaucoup de gens se faisaient passer pour des pieux. L'arrogance des élites basanées et métissées était en exergue. L'hypocrisie des prétendus amants de la vie bronzée était révoltante. La banalisation de la vie au cours des échauffourées concoctées spécifiquement pour préserver la vie était déconcertante. Les soi-disant amants de la paix et de la justice avaient juré de tout casser et de tout briser sur leur passage, et ceci au nom de la paix et de la justice. Des assoiffés de sang se faisaient passer pour des protecteurs des vieillards. Des gens sans aucun sens de retenue et de pitié pour les invalides se faisaient passer pour des protecteurs des invalides et des enfants. Le superflu des suprémacistes ariennes était accablant. L'indécence de l'absence de la décence était effrayante. La démence était au rendez-vous. Du même coup, la déchéance de toutes notions de pureté angélique chez l'homme était à envier. La putréfaction de toutes notions de moralité chez l'homme était inconcevable.

C'était un moment de duperies. C'était une période d'escroqueries et de duplicités organisées. Le monde était émaillé de traîtrises et de méchancetés. On se croyait au bord de la fin du monde.

À première vue, c'était une situation orchestrée par ceux-là qui se sentaient les plus hautains et les plus mérités. C'est comme si le fils du dieu païen avait été, une fois de plus, crucifié sur le monticule du calvaire. Pour certains, tout était perdu. C'était de la désolation dans les cœurs.

Certains dirigeants appliquaient des politiques de femmes de joie. Tout le monde avait peur des retombées économiques néfastes à cause de la peste du coronavirus. Tout le monde s'était agenouillé par-devant leurs maîtres à propensions maçonniques, qui pourtant leur regardaient d'un seul œil sur une pyramide en décadence et sur le poids d'un tertre tari et perché dans un trou noir. Les prestidigitateurs étaient à l'honneur. Les soi-disant « illuminateurs » étaient à l'horreur.

Des dirigeants se sacraient à l'idolâtrie paganisme la plus avilissante. Le monde était devenu un autel pour des sacrifices et des rituels médiatisés. Les petits-fils de Pierre le frangin et les petites filles de Mariebelle la Belle avaient enfin hérité de leur trône sur le pont de l'indécence collective. En s'assaillant fièrement et honteusement par devant leur petit écran illuminé et coloré, ils avaient pu jouir du labeur de leur père sans paires. Elles avaient enfin reçu la vertu perdue de leur mère en mauvaise répute. C'était la décrépitude d'un monde en chute libre.

D'autres dirigeants mal à l'aise pour se sentir éhonté essayaient de convaincre leur populace de se conformer aux règles du jour de la manière la plus civilisée. Des dirigeants usurpés étaient en liesse. Ils étaient devenus des autorités illégitimes. Ils étaient devenus des bourreaux et des madones. Ils étaient devenus des offices sans offices. Ils étaient devenus des déséquilibrés.

L'Internet était rempli d'images (ou de vidéos) de policiers frappant des gens parce qu'ils ne portaient pas de masques ou parce qu'ils ne portaient pas leur masque de la manière la plus appropriée (ou correctement). Il y avait des cas où les gens, le plus souvent des hommes et des femmes adultes, se faisaient dire comment être, où à être et la façon d'être et quand et comment à être. C'était de la pagaille collective.

Des personnes avaient reçu des pénalités (ou des amendes) pour avoir désobéi aux règles établies. D'autres avaient été agressés par des hommes de loi qui, selon ces derniers, ne respectaient pas les règles de distanciation sociale. Des policiers grisés de pouvoir et de passion illuminée avaient même arrêté et séquestré des gens pour avoir protesté contre les nouvelles règles. C'était de la folie totale.

En étant témoin de cette aliénation, je réfléchissais sur l'état de la liberté. Puis, ça m'est venu à l'esprit. Il n'y a pas de liberté dans ce monde. Nous sommes tous dans une sorte de cage. C'est sûr que certains d'entre nous sont plus restreints que d'autres. Quoi qu'il en soit, nous sommes (tous) dans ce labyrinthe.

Discours sur la liberté humaine

4

Examiner le terme liberté

Chaque être humain doit subsister dans ce monde. Dans la mesure où une personne a les capacités pour le faire, celle-ci doit trouver un moyen de prolonger son existence dans le milieu où ce dernier (ou cette dernière) évolue. L'individu doit lutter pour trouver son chemin, bien que la réalisation de cette tâche ne puisse être toujours possible. En d'autres termes, réaliser cet exploit n'est peut-être pas toujours propice. La concrétisation de cet objectif n'est souvent pas possible.

Quoi qu'il arrive, la personne doit s'efforcer pour survivre. Mais l'individu doit le faire à tout prix. Il doit

Ben Wood Johnson

le faire par tous les moyens qui sont nécessaires. L'absence (ou le manque de) liberté constitue un obstacle central à la survie humaine. Les êtres humains ne sont pas libres dans la mesure où ils aimeraient qu'ils le soient. Nous évoluons dans un monde d'isolement. Nous vivons dans un état de retenue.

Qu'est-ce que le terme liberté humaine implique vraiment ? J'admets que c'est une question assez intéressante comme ça. Toutefois, je ne serais vous édifier à ce propos. Tout au moins, je ne saurais le faire d'une manière objective. Je ne sais pas ce que signifie être libre. Je n'ai jamais été à cet état à aucun moment de ma vie. Mais je ne suis pas le seul qui n'avait jamais connu la vraie liberté. Aucun être humain, je dirais avec fermeté dans le présent contexte, n'avait jamais été libre. Être libre, c'est être en dehors du champ de la nature. Aucune entité vivante au sein du naturel ne pourrait faire une telle réclamation. Aucune entité vivante n'avait jamais été libre, bien qu'une telle poursuite soit vitale pour l'existence humaine.

En dehors des arguments précédents, la croyance commune est que les êtres humains sont libres. Sinon, ils jouissent toujours d'une telle capacité. Du même coup, je ne suis pas sûr que ce point de vue soit exact. Je dirais que ce n'est pas le cas dans tous les cas.

En tant qu'être humain, je sais que je ne suis pas libre. Naturellement, je pourrais être intransigeant. Je pourrais me livrer à la mauvaise foi. Je pourrais me mentir. Je pourrais me dire que je suis libre. Je pourrais me faire croire que c'est ainsi. Bien sûr, cela ne rendrait pas ma liberté dans le sens le plus tangible.

En dépit d'être conscient de ma réalité, je pourrais méconnaître (ou même admettre) celle-ci comme une véracité absolue. Je pourrais nier mes propres besoins pour faire avancer celui des autres. Je pourrais être perdu dans mon isolement. Mais je serais ainsi de mauvaise foi. En conséquence, je verrais mon monde (ou le monde que d'autres vivent, d'ailleurs) d'une sagacité erronée.

Dans cette analyse, aussi brève soit-elle (ou aussi insignifiante, qu'elle peut paraître à certains observateurs), l'objectif est d'examiner le terme liberté. Dans ce cas, je dirais, j'espère le faire de la façon la plus consistante possible. Un autre objectif, digne de mention ici, est de réfléchir sur le tour de force que les êtres humains endurent dans leur quotidien.

Discours sur la liberté humaine

Mon examen du terme « liberté » n'est pas nécessairement un moyen de nier la nécessité d'un tel état d'être. Ce n'est pas un stratagème de ma part de faire écho de mes propres frustrations. Ce n'est pas une stratégie de nier ma propre réalité dans mon milieu social.

Il s'agit plutôt d'une évaluation ontologique des réalités humaines dans des endroits où de telles conjectures pourraient être déguisées. Il est important d'évaluer, bien que je le fasse en quelques mots ici, le sort de la survie humaine et les motifs sur lesquels une personne pourrait le faire. Il est crucial de discuter des questions auxquelles une personne pourrait faire face lors de sa quête de liberté, même si une telle poursuite pouvait être en vain.

Un autre constituant (ou peut-être un obstacle unique) à la liberté humaine, qui mérite également d'être souligné ici, est l'immigration. Il existe un lien entre la survie et la liberté humaine. Un parallèle entre la survie et l'immigration mérite d'être examiné de plus près. Une personne pourrait se sentir entraver dans une *mise en scène* sociale. Elle pourrait abandonner sa prospection de la liberté.

L'état d'esprit de la liberté est une construction subjective de notre propre expérience. C'est une réaction à notre découverte inéluctable de notre réalité brutale. C'est une façon pour nous de nier cette réalité. Le terme liberté, ou du moins, la façon dont nous (les êtres humains) la concrétisons est fantaisiste dans son sens le plus fondamental.

Ce qui est la liberté pour une personne n'est pas nécessairement la même chose pour une autre. On est libre (ou une personne peut se sentir de cette façon) tant qu'il n'y a personne d'autre qui pourrait arracher cette liberté (ou cette perception) loin de l'individu. Alors, pour nous les êtres humains, le lien entre être libre et vivre en captivité est étriqué par notre capacité à conceptualiser notre quiddité dans le monde.

Pour mettre l'idée précédente en contexte, disons que la compréhension du concept de liberté humaine peut dépendre de la façon dont une personne perçoit sa quintessence à un moment donné. Celle-ci pourrait être aussi le résultat d'une analyse approfondie de soi. Elle pourrait refléter la façon dont une personne se voit par rapport aux autres dans un milieu social.

Les idées sur la notion de liberté peuvent provenir d'opinions propres. Elles peuvent être les résultats de la vision du monde d'une personne. Elles peuvent émaner de l'expérience de l'individu à l'endroit où il évolue. Ce qui pourrait être considéré comme la liberté pourrait aussi bien être décrit comme l'absence de cela. Explorons cette théorie un peu plus pour donner un sens à tout ça.

5

Points de vue sur la liberté humaine

Si nous devions analyser le terme liberté dans son sens le plus intrinsèque, il serait impossible de se réconcilier avec le vrai sens de l'hypothèse. Il serait inutile de s'appuyer sur des expériences personnelles pour montrer ce que le terme signifie dans un sens tangible.

C'est quoi la liberté humaine alors ? On pourrait dire que la liberté est une persuasion de bien-être. Les êtres humains l'ont inventé pour donner un sens à leur essence. La liberté, si elle existait du tout, serait

Ben Wood Johnson

indiscernable. Sinon, elle serait méconnaissable. Ce serait ainsi, et ceci même à l'œil nu.

Considérant la nature subjective du théorème, nous n'arriverions jamais à un consensus sur ce que le terme implique vraiment. Il n'y a pas de précepte objectif, que nous pourrions utiliser pour examiner cet axiome. Il n'y a pas de façon brevetée d'examiner le sujet. C'est une question complexe, je dois le concéder.

Examiner la fantaisie de la liberté est une tâche ardue. Ici, je ne révise pas (ou je ne pourrais pas) raccommoder la perspicacité de l'acuité de la notion d'être libre en profondeur. Le concept est étranger au naturel. La liberté, ou du moins, en tant qu'état d'être tangible, n'est pas de ce monde.

Être libre, c'est être en dehors des normes d'être dans le naturel. Être libre, c'est être indépendant de tout et de n'importe quoi. Être libre, c'est être un surhomme ou c'est d'être une créature de l'espace.

Être libre, c'est être en dehors de toute exigence, ce qui est exogène à notre nature. Être libre, c'est être au-delà de tout. Quoi qu'il en soit, dans nos conditions de vie actuelles, ce n'est pas possible. Dans l'habitat naturel lui-même, tout être vivant doit compter sur l'existence (ou la personne) d'un autre.

Cette réalité irréfutable implique une dépendance inévitable à l'égard du naturel. Une personne ne pourrait pas être libre ou être tout bonnement libérée du naturel. On ne peut pas être libre, car son existence est intrinsèquement liée à celle des autres. Il s'agit là d'un point de vue particulier sur la liberté humaine. Il y a plus dans ce concept que la plupart des gens pourraient se rendre compte.

Je pourrais adopter une approche commune sur la conjecture de la liberté humaine. Je pourrais faire écho, comme tant d'autres l'ont fait, que nous sommes libres. Je pourrais proclamer que chaque être humain peut être libre. Dès le début, cependant, je devrais me convaincre de cette vérité mal conçue, ce que je ne pourrais pas faire en toute honnêteté.

Je pourrais évoquer des jargons cryptiques pour clarifier l'esprit de la liberté chez l'homme. Je pourrais faire référence à des œuvres de penseurs bien connus pour appuyer mon point de vue. Je pourrais mettre en valeur mes compétences académiques. Je pourrais mettre en évidence mes prouesses intellectuelles. Je pourrais exhiber mon expertise (ou ma dextérité) pour déchiffrer des notions philosophiques difficiles. Je pourrais montrer ma capacité à relayer des principes théoriques. La présente compilation, je dois l'admettre, n'est pas une telle œuvre littéraire.

Ce qui pourrait être incontestable, c'est que le régime social où nous nous trouvons est un obstacle à notre liberté. Être dans un environnement confiné est le contraire d'être libre. La société est une jungle confinée. Dans un tel climat, le collectif détient un contrôle sans précédent sur l'individu. Tant que nous évoluons dans un milieu social, nous ne pourrions jamais être libres.

Il est nécessaire d'examiner la nature de l'emprise de la société sur les êtres humains. Nous devons tenir compte des effets de cette possession. Il est nécessaire d'explorer les adversités, qui pourraient être nocives pour une personne. Il est nécessaire d'examiner le danger que le collectif représente pour l'individu (ou pour la liberté individuelle) dans son sens le plus prosaïque. Saisissons les compréhensions, qui sont souvent abstruses, sur la liberté humaine.

6

L'état d'être libre

Être libre, c'est quand on peut décider où, *quand, comment* et *pourquoi* on est. Être libre, c'est être sans retenues. Être libre, c'est être sans restriction.

En dehors de la portée du naturel, la réalisation de la liberté est un exploit impressionnant. Pour faire écho d'un point de vue évoqué antérieurement, aucun être humain n'a jamais été libre dans la nature. Dans le naturel, les hypothèses sur la liberté ne sont pas aussi compliquées à saisir. Il peut y avoir un peu de tangibilité à la présupposition.

Être libre n'est pas toujours une perception sensorielle de l'état d'être. Cette conception peut être

Ben Wood Johnson

réelle ; elle peut être factuelle. C'est-à-dire, c'est le cas dans la mesure où l'être qui perçoit une telle liberté comprend également l'implication de l'État de celle-ci. L'être doit s'apercevoir dans un état d'être libre par rapport aux autres êtres, et ceci qu'ils soient tangibles ou autres.

Si j'étais capable d'aller où je voudrais aller à un moment donné dans le temps, je pourrais supposer que je suis libre. Je pourrais faire en sorte que je suis capable d'aller où je voudrais aller et je pourrais le faire à tout moment. Ma liberté semblerait tangible à un point où je pourrais l'interpréter comme réelle ou même intacte.

Dans le monde réel, cependant, ce n'est pas du tout le cas. Partout où nous nous trouvons, nous sommes plus contraints que nous ne sommes libres. Nous sommes plus restreints que nous ne le pensons. Nous sommes plus sous contrôle que nous ne pourrions le comprendre.

Dans notre état actuel de servitude, nous sommes esclaves à la fois dans l'esprit et dans la chair. Toutefois, nous sommes enclins à penser que nous sommes libres. La plupart des gens croient sincèrement qu'ils sont libres. D'un autre côté, d'autres s'efforcent sans relâche de s'émanciper. Qu'est-ce qui pourrait expliquer cette réalité ? Devrais-je dire, qu'est-ce qui pourrait expliquer notre incapacité à saisir notre propre vérité ?

Lorsque nous (les humains) parlons de liberté, nous sommes susceptibles de nous limiter à un simple état d'être. C'est l'état d'être libre. Nous sommes susceptibles de nous contenter d'un simple *état d'être*, qui incarne notre perception de ce qu'est la liberté ou ce qu'elle pourrait être.

Si nous devions dire la vérité à nous-mêmes et aux autres, nous devions admettre qu'il n'y a pas de liberté au-delà d'un simple état d'esprit à un moment donné. Il y a plus à la liberté que d'une simple perception ; il y a plus à la liberté qu'un simple état d'être.

La liberté humaine, si elle existait, serait toujours éphémère. La théorie elle-même indique un état d'être plus complexe qu'une simple capacité d'être dans une topographie. La liberté est un état d'être, qui est dépourvu de toute tangibilité. C'est au-delà de notre état actuel de contrainte physique.

Être libre, c'est être au-delà de l'être. Être libre, c'est être au-delà de la nature. Ainsi, la liberté doit être un état de transcendance au sein des éléments naturels.

Elle doit être de la sorte aussi dans le milieu où les hommes évoluent.

La liberté humaine, pour le répéter une fois de plus, est à la fois une perception et un état d'être tangible. La liberté est une perception parce qu'elle est le résultat d'une introspection subjective. C'est tangible aussi parce que, être sur le point de percevoir que l'on est libre pourrait faire un monde de différence dans la façon dont une personne pourrait percevoir son existence dans le sens le plus terre-à-terre. En revanche, ne pas être en mesure de percevoir la liberté pourrait avoir un effet néfaste sur la personne.

Percevoir sa liberté ou en concrétiser l'absence pourrait avoir des conséquences réelles, que la personne ne puisse être en mesure de naviguer seule ou pour la sienne. L'incongruité est que la nature tangible de la liberté (en soi) est illusoire. Si ce n'est pas le cas, cette tangibilité résulte de la perception d'être libre elle-même. C'est un cercle vicieux. On est libre tant que l'on voudrait être comme ça. Vouloir être libre n'est pas une garantie d'atteindre cet état d'être.

La liberté est, du moins, pour la plupart des gens, la capacité d'exercer des mouvements. Autrement dit, on est libre tant qu'on pourrait aller d'un endroit à l'autre.

Mais cet état d'être n'est pas nécessairement un signe de liberté.

Pouvoir se déplacer n'est pas une incarnation de sa liberté. Même si vous étiez mises dans une cage, tant que celle-ci est bien espacée, vous seriez toujours en mesure de vous déplacer. Néanmoins, être dans une cage en aucune façon ou d'aucune manière n'est pas une indication de sa liberté, au moins, si nous devions examiner le concept de liberté à partir d'une lentille métaphysique.

En tant que perception, la liberté doit être envisagée dans l'esprit avant qu'elle ne puisse être concrétisée dans la chair. Si vous ne pouviez pas vous imaginer être libre, alors vous ne pourriez pas être libres. Si vous ne pouviez pas interpréter votre liberté d'une certaine façon, vous ne pourriez pas l'imaginer en aucune manière. C'est la nature de la réalité dans le monde réel quand il s'agit de leur quête de liberté.

Bien que cet état d'être soit toujours transitoire, nous avons tendance à l'assimiler à la liberté elle-même. Mais il doit y avoir plus à la liberté humaine qu'une simple capacité à exercer des fonctions musculaires. Il doit y avoir plus à la liberté humaine qu'une volonté d'être libre ou un simple désir d'être ainsi.

La liberté doit être intrinsèque. Elle doit être élémentaire. Être libre doit signifier être sans délimitation ou être dépourvu de limites. Tant que votre soi-disant *liberté* vient de ceci ou de cela, vous n'êtes pas libres. Tant qu'une entité décide si vous êtes libres ou si vous pourriez être comme ça dans le monde, alors vous ne pourriez jamais être libres. C'est l'étendue de cet entretien intellectuel.

Laissez-moi vous demander une fois de plus. C'est quoi la liberté humaine dans un sens palpable alors ? Êtes-vous libres ? Mieux encore, croyez-vous que, à tout moment et à tout instant, vous êtes libres ? Si vous croyez que vous êtes libres, qu'est-ce qui vous rend certain que vous êtes en effet libre ?

Si je vous disais que vous n'étiez pas libres, me croiriez-vous ? Assimileriez-vous mon évaluation de votre état d'inconséquence à votre état d'être réel ? Voudriez-vous me réfuter ? Offririez-vous des preuves à l'appui pour justifier votre conviction que vous êtes en fait libre ?

Imaginez que je vous demandais de prouver que vous êtes libres, comment réagiriez-vous ? Et si je vous disais que vous ne pourriez jamais être libres, mon affirmation aurait-elle un sens pour vous ? Me demanderiez-vous de partir ? Voudriez-vous me désavouer ? Pourriez-vous m'éclairer sur ce qu'est la liberté et pourquoi est-elle nécessaire ?

Que faire si je suis un immigrant (illégal ou autre), pensez-vous que le terme liberté signifierait la même chose pour vous comme ce serait pour moi ? Croirez-vous que je pourrais jouir de la liberté ? Voudriez-vous essayer de me convaincre que je pourrais être libre comme vous êtes ou tout comme vous percevez votre être ?

Les écrits inscrits antérieurement sont peut-être insolites. Vous pourriez même remettre ces questions en question. Vous pourriez dire qu'elles sont vagues et peuvent être incohérentes.

Ces questions pourraient vous sembler être insensées, surtout si vous n'aviez jamais vécu avec une crainte de perdre tout sentiment de liberté. Peut-être vous n'aviez jamais connu un tel état d'être. Peut-être vous ne vous étiez jamais retrouvé dans un état aussi délabrant. Peut-être vous n'aviez jamais perdu votre humanité en aucun lieu ou pour n'importe quelle raison.

Même quand l'une des compréhensions ci-dessus devait s'appliquer à vous, le terme « la liberté », ou du moins, la façon dont je l'étale, ou même la façon dont je le divulgue à travers ce titre pourrait encore n'avoir aucun sens pour vous. Rassurez-vous, je ne vous tiendrais pas de rancune. C'est ça la nature subjective du concept liberté.

Il existe un lien irréfutable entre l'immigration et la liberté humaine. Je comprends fort bien que les gens qui vivent dans une atmosphère sociale étrangère peuvent avoir du mal à se sentir libres. Si l'environnement ne crée pas une atmosphère pour que la personne se sente en sécurité, elle pourrait ne jamais se sentir libre.

La liberté est, au départ, une introspection. C'est une vision mentale. On est libre tant qu'on pense comme ça. On est libre tant qu'on se sent comme ça. Mais la plupart des gens ont une vision romantique de ce qu'est la liberté ou ce qu'elle pourrait être. Je vous le dis en vérité ; il y a plus à l'illusion de la liberté que l'œil nu ne pourrait en déceler. Je vais réitérer un point de vue similaire dans la partie restante du texte.

Ben Wood Johnson

Discours sur la liberté humaine

7

Le fantasme de la liberté

La liberté (ou le fourvoiement de celle-ci) est un état d'esprit. Le concept est toujours le résultat d'un point de vue subjectif. Ce n'est pas un état concret d'être en soi. La liberté est une façon passagère d'être à un moment donné dans le temps. On est libre tant qu'on détient la volonté, la capacité, ou la disposition de se sentir de cette façon à un moment donné.

Bien que le fantasme de la liberté reflète une mise en place humaine, il a des conséquences réelles. Même si le concept pourrait être le résultat de la construction d'une personne de la réalité autour d'elle, ce raisonnement, pour le dire à nouveau, a des implications pratiques, qui vont bien au-delà de la capacité de l'esprit humain à comprendre. Dans certains cas, les perceptions sur la liberté ou l'absence de cela peuvent être tangibles ; elles peuvent être palpables. Pour la plupart des gens, être libre (ou ne pas être en mesure de jouir d'un sentiment de liberté) pourrait être réel.

Le fait d'être privé de liberté ou d'une illusion similaire pourrait être tangible. Par exemple, la personne pourrait se retrouver en prison. Celle-ci pourrait être forcée de vivre dans des conditions qui pourraient limiter ses mouvements. Sa localisation (ou sa façon d'être dans le monde) pourrait faire l'objet d'un examen constant.

Je ne sais pas où a émané la rêverie de la liberté chez l'homme. Mais un état d'amertume continuel pourrait inciter un désir chez l'homme de s'émanciper de ses emprises. Une existence amère, accablante et constrictive pourrait inciter l'homme à œuvrer pour son affranchissement. L'existence humaine pourrait engendrer un désir d'émancipation chez l'homme.

Malgré l'inadéquation évidente dans la façon dont nous sommes susceptibles de percevoir le terme liberté, une réalité universelle sur le concept pourrait être difficile, voire impossible, à déceler. D'une manière ou d'une autre, nous aspirons tous à la liberté ou à un état d'être dépourvu de démarcations exogènes. Ce désir, pour le redire, c'est l'essence même de notre existence.

Les êtres humains cherchent la liberté de tout ce qui se trouve dans le naturel. Par contre, nous reconnaissons que nous sommes liés à tout ce qui existe dans le milieu autochtone. Nous sommes câblés avec le naturel. Ainsi, nous faisons partie de la nature. Il n'y a pas à en sortir de là. Nous ne pouvions pas nous détacher du naturel en temps réel. Nous sommes les prisonniers de notre propre existence.

Cette réalité pourrait expliquer la raison pour laquelle nous ((les êtres humains)) ressentons souvent le besoin d'être libres. Cet état d'être est encore plus déprimant lorsque nous évoluons dans une englobe sociale. Sous un régime similaire, nous vivons selon des ensembles de règles qui minent souvent notre nature.

Quand une personne découvre qu'elle doit vivre dans des conditions qui sont étrangères à sa nature, celle-ci réaliserait qu'elle est en train de vivre dans un état de servitude perpétuelle. Cet état de répression ou cette situation d'oppression pourrait être mental. Cet état d'être, en soi, pourrait être physique ; il pourrait être politique ; il pourrait être économique. Dans de telles circonstances, la personne ne vivrait plus comme sa nature l'aurait voulu. Le désir intrinsèque d'être libre, ou le désir inné d'être comme la nature l'aurait voulu, deviendrait un alibi, que la personne pourrait se fournir pour justifier son désir de liberté.

Chaque fois qu'une personne vit dans une situation de restrictions contre sa nature, elle découvrirait ((inéluctablement, à en croire sa perception de soi-même dans son monde)) qu'elle devrait être libre. Chaque fois qu'une personne se retrouve dans une situation de retenue dans son être ou ailleurs, elle développerait (invariablement, si je peux le dire ainsi) une soif naturelle de liberté. Cet individu chercherait toujours à s'émanciper de l'état de reclus qu'il se trouve, qui pourrait (ou ne pourrait pas) être réel.

Quoi qu'il arrive, l'individu chercherait à se débarrasser de tout état réel ou perçu de sa servitude. Mais ces efforts seraient fructueux de temps à autre seulement. L'homme vit dans un état de restrictions contre sa nature, dont certaines de ces limitations sont le résultat de ses propres forfaits. D'autres restrictions pourraient être étrangères à la nature de la personne.

Il y a une vérité incontournable. L'homme est toujours du ressort des autres. Toutefois, la personne peut penser qu'elle est sous sa propre gouverne.

Lorsqu'une personne croit qu'elle est libre, cette croyance pourrait être enracinée dans sa psyché. Celle-ci pourrait ne pas être en mesure de percevoir la cage, qui peut être mentale, physique, ou les deux, où elle se retrouve. C'est la tragédie de l'intangibilité de la liberté humaine.

Le monde d'un homme est rempli de toutes sortes de délimitations. Dans un tel milieu, il n'y a pas de véritable liberté. C'est un monde de retenue. Chaque facette de l'existence d'un homme dépend de l'existence d'un autre. Un homme est libre ((ou il peut percevoir un tel état d'être)) seulement lorsque d'autres rendent possible cette liberté ((ou quand d'autres gens facilitent une telle perception)).

Nous sommes les prisonniers de notre temps. Nous le sommes pareillement tant que les autres ne le sont pas. Nous sommes ainsi tant que d'autres sont en fonction de nos attentes. Nous sommes aussi longtemps que d'autres nous le permettraient.

Je n'essaie pas de rejeter le terme liberté (ou la nécessité de celle-ci). Toutefois, j'espère révéler les facettes mythiques de cet incube. Je ne pense pas que le besoin de liberté soit un désir prétentieux. Je dois admettre que vouloir la liberté est aussi naturel que de vouloir pousser des ailes et s'envoler. Pour ainsi dire, le fait de pouvoir voler n'est pas nécessairement une chose humaine.

Les êtres humains n'ont pas été conçus pour étendre leurs ailes et s'envoler. Tout désir humain de voler doit être le résultat d'une passion et pas nécessairement en raison d'une condition préalable à la poursuite de son existence. Ce désir, quelles que soit ses origines ou ne tenant pas compte de ses conséquences néfastes, doit être transitoire à la base. Le désir d'un être humain de voler serait toujours aberrant. Ce serait ainsi même si la personne pouvait concocter des moyens appropriés pour s'envoler au-delà de l'horizon à un moment donné.

Dans l'esprit de promouvoir un argument cohérent dans ce contexte, disons que les êtres humains peuvent voler. Qu'est-ce que cet exploit impliquerait ? Cela suggèrerait-il la liberté humaine dans son état le plus naturel ?

Une réponse plausible c'est qu'être en mesure de voler serait contre la nature elle-même. Sinon, elle ne tomberait pas en dehors des limites imposées par l'entourage naturel aux êtres humains. Autrement dit, les êtres humains ne sont pas censés voler. Inéluctablement, tout moyen qui permettrait aux êtres humains de voler les mettrait aussi hors du milieu naturel. Une telle réalité ne pouvait être qu'un état d'être éphémère, car elle serait pervertie.

Tout ce qui est né du naturel ne pouvait être (c'est-à-dire qu'il ne pouvait exister) qu'à l'intérieur du naturel. Tout ce qui vient de l'artificiel ne pourrait jamais devenir naturel. La portée de la liberté humaine, par coïncidence, relève de cette dernière catégorie. La liberté (ou le besoin de celle-ci) est toujours en dehors du naturel lui-même. En tant que telle, cette liberté est toujours le résultat d'une fausse impression du milieu. C'est la rationalisation qui pourrait nous fournir quelques détails sur les raisons pour lesquelles la liberté serait toujours inaccessible, du moins, dans le sens tangible.

Discours sur la liberté humaine

8

Vouloir acquérir la liberté

Pourquoi ne voudrais-je pas être libre ? Pourquoi ne voudriez-vous pas être libres de votre confinement ? Pourquoi ne serait-il pas logique de vouloir s'émanciper d'une réalité de dépendance ? Pourquoi ne pas s'affranchir d'une situation de dépendance dans laquelle on se trouve, ceci même si cet état d'être soit naturel, artificiel (ou sociétal) ?

Toute réponse aux enquêtes précédentes révèlerait l'état mental de la personne qui répond à ces questions au sens le plus banal. Incontestablement, la plupart des gens répondraient oui aux requêtes précédentes, même si ces gens pouvaient ne pas saisir pleinement

Discours sur la liberté humaine

(ou même comprendre) les implications d'un tel état d'être. Que nous regardions la liberté d'un monocle naturel ou si nous la voyons à partir d'une optique sociétale, chaque être vivant veut la liberté ou l'illusion de cet état d'être. D'une manière intrinsèque, nous ((les êtres humains)) aimerions être libres. Ce n'est pas là que réside la question pour moi.

Lorsque nous parlons de liberté, nous romançons notre état naturel. Nous imaginons un monde vidé du naturel. La liberté, pour nous, c'est la transcendance. La liberté, de notre point de vue, est au-delà de notre nature. La liberté, de par cette logique, est un état de suprahumain.

Il n'y a pas de moyens tangibles de parvenir à un état d'indépendance, qui nous extrairait de la nature. Il n'y a aucun moyen d'être en dehors de la limite du milieu naturel. Nous ne pourrions jamais être libres tant que nous sommes des humains. Par conséquent, la liberté dont nous avons tant besoin ne se réalisera jamais.

Les êtres humains doivent dépendre de X ou d'Y. Ils doivent être sous la portée d'une entité ou ils doivent l'être (ou ils doivent évoluer) sous le guide d'une autre. Les êtres humains sont nés du naturel. Ils appartiennent (seulement) à ce milieu. En tant que tels, les êtres humains ne pourraient jamais être libres en dehors du naturel. Cette réalité est une facette de la liberté ou de l'absence de cela, que nous n'avons pas encore acceptée.

Pendant une bonne partie de notre existence, nous nous sommes menti. Nous sommes convaincus que le simple fait que nous puissions être dans le naturel de manière, que d'autres entités vivantes ne sont pas (ou ne pourraient jamais être, du moins, de notre point de vue), c'est une indication que nous sommes libres. Néanmoins, cette approche de la réalité humaine est inexacte. Il est basé sur une introspection erronée de nous-mêmes dans le milieu naturel.

La liberté humaine, si un aperçu de celui-ci devait exister, serait illusoire, sinon il serait invisible à l'œil nu. Il serait perceptible qu'avec l'esprit. La vraie liberté n'existe pas (ou ne pourrait exister) que dans l'abstrait.

En faisant écho aux affirmations précédentes, une approche synthétique du concept de liberté mérite d'être notée dans ce discours. D'une attitude humaine, la liberté est un état merveilleux de l'esprit. C'est un état d'être agréable, qui, le plus souvent, n'a peu ou n'a rien à voir avec le monde réel que la personne vit dans son quotidien. Dans d'autres conditions, être libre (ou se ressentir ainsi)) pourrait avoir des implications indéniables, ce qui pourrait fausser le sentiment de soi dans le monde.

Les perceptions au sujet de la liberté pourraient influencer la façon dont une personne se comporterait dans son entourage. Celles-ci pourraient promouvoir le sens de soi chez l'individu. Mais cette réalité pourrait rendre précaire l'existence même de la personne. Elle pourrait aussi saper cette existence à un point d'anéantissement.

Si nous pouvions examiner le caprice de la liberté aussi authentiquement que possible, nous pourrions être en mesure d'apprendre à accepter la nature de notre monde. Nous pourrions apprendre à être à l'écoute de la réalité de notre environnement social. Nous pourrions apprendre notre place dans le monde. Nous pourrions apprendre à nous efforcer de protéger dans un terrain perfide. Nous pourrions apprendre à nous efforcer de survivre dans le milieu autochtone.

Lorsqu'il s'agit de liberté ou de l'absence de cela, il y a une réalité brutale, que nous devons accepter. Dans ce cas, nous vivons dans un monde interdépendant. Notre perception de la liberté ou de l'absence de cela est relative à la façon dont les autres nous perçoivent. Elle pourrait être le résultat de la façon dont nous nous percevons par rapport à l'être des autres. Il y a la dichotomie de vouloir la liberté et d'être accordé, quoique d'une manière capricieuse, une telle possibilité.

Discours sur la liberté humaine

9

Vivre selon l'autre

Chaque facette de l'être — ce n'est pas nécessairement ou ce n'est pas exclusivement celui des êtres humains — est basée sur celle de l'état d'être d'une autre entité. Nous sommes des êtres humains. Nous faisons partie d'une multitude. Nous sommes un constituant de l'espèce humaine. Notre être dépend toujours de celui d'un autre.

Les êtres humains ne sont pas libres. Nous ne pourrions jamais être comme ça, tout au moins, pas dans un monde de coercitions. Les êtres humains ne pourraient jamais être libres. Nous ne pourrions jamais être libérés de nos propres empiètements.

Discours sur la liberté humaine

La tragédie de notre existence reflète notre tendance à nous saper les uns les autres. Pour subsister, nous devons saisir les autres. Nous devons nous assurer que d'autres ne nous saisissent pas (ou ne pourraient) nous saisir. C'est la seule garantie que nous avons que nous pourrions subsister au-delà de la chance dans un milieu trompeur. Notre incapacité à nous protéger pourrait conduire à notre mort prématurée. C'est la véracité irréfutable de l'espèce humaine dans ce monde.

Les hommes aspirent à l'indépendance. Nous inspirons à nous détacher de notre état d'une interdépendance. Le poids de notre existence incite la nécessité d'un détachement en nous. Nous voulons autant exprimer notre individualité. Nous pensons souvent que nous devons être libres.

Le fait accompli le plus déprimant c'est qu'un simple besoin d'être libre ne suffit pas pour inculquer la liberté chez une personne. Ce n'est pas ainsi dans son sens le plus excitant. Il n'y a pas de liberté. Nous inventons la nôtre. Nous créons notre propre sentiment de notre sens de liberté. Mais notre approche de ce qu'est la liberté ou ce qu'elle pourrait être reflète souvent notre (propre) fantasme quant à la façon dont nous nous percevons dans le monde des autres.

Il pourrait être difficile de survivre dans un monde conçu pour enlever son être. Il pourrait être plus facile de se décramponner du hasard ou de la fortune comme une stratégie pour subsister au-delà de la chance. Peut-être le simple fait d'avoir la capacité de se débarrasser de son monde est un signe de liberté.

La vie est un fardeau. Rester en vie exige souvent que la personne soit d'une certaine façon. Il ne peut y avoir de liberté d'être d'une certaine manière. Si être libre signifie que la personne doit être de cette façon ou de cette manière, alors celle-ci n'est jamais libre d'être. La liberté est toujours inconditionnelle. La liberté n'est jamais relative à une particularité.

Être libre, c'est être sans aucune obligation au-delà de ce dont la nature impose. Être libre, c'est être sans aucun bornage artificiel. Être libre, c'est être sans abréviation. Être libre, c'est être libre. Être libre, c'est être sans délimitation. Être libre c'est d'être sans aucune borne, et ceci qu'elle soit collective ou auto-imposée.

Lorsque la personne se trouve sous bornes, son existence devient un fardeau. Quand la personne sait qu'elle n'est pas libre, elle cherche des excuses pour justifier son incapacité à être libre. La vie pourrait facilement devenir une lutte inséparable.

Lorsqu'une personne se rend compte qu'elle vit dans un état de servitude perpétuelle, la vie pourrait devenir terne et déprimante pour cet individu. La personne pourrait se trouver dans une tentative constante d'échapper à la triste réalité qu'elle pourrait être en train de confronter. La recherche de la liberté pourrait devenir la recherche d'une vie meilleure. La nécessité de s'émanciper du fait de la vie, auquel une personne fait face dans son quotidien, pourrait aussi permettre à cet individu de découvrir son essence de la manière la plus tangible.

La recherche de la liberté pourrait devenir la seule poursuite, qui pourrait fournir un sens de soi à un individu. Cette recherche pourrait être la seule raison qui puisse maintenir cette personne en vie. Ce but pourrait être la raison qui catapulte l'individu dans le monde. Cet appel pourrait être le seul motif qui maintient la personne en cours, même si la vie pouvait être terne et déprimante. Cette entreprise pourrait devenir le catalyseur de l'existence de l'individu.

Ben Wood Johnson

Le problème c'est que peu de gens comprennent la nécessité de s'efforcer de leur liberté. Ici, je ne parle pas de liberté au sens le plus municipal. Je parle de la vraie liberté. Je me réfère au besoin de la liberté de l'esprit ; je me réfère à la nécessité de la liberté de l'âme. Je me réfère à l'urgence de la liberté du corps. Pourtant, cette liberté n'est pas réelle dans la mesure où elle est tangible. À sa place, je dirais encore, c'est la liberté de perception.

Presque aucun d'entre nous n'assimile l'impact d'empêcher un autre de percevoir son (propre) état de liberté. Nous sommes susceptibles d'abdiquer notre inclination intrinsèque à rêver de nous-mêmes aux autres. Ce n'est pas par hasard que nous sommes ainsi.

On nous a appris ((à un âge précoce)) à nous abandonner aux autres en vertu de la présomption qu'ils savent mieux. Nous sommes susceptibles de devenir des esclaves mentaux. Nous ne pouvons percevoir aucun état d'être sans y être incité à le faire.

Il n'y a pas moyen de savoir si nous sommes libres vraiment, et ceci sans y avoir été poussé à contempler cet état d'être. On ne pourrait pas être certain de sa liberté, et ceci que celle-ci soit dans la chaire ou dans l'esprit. Nous ne pouvions pas percevoir notre liberté sans comparer notre état d'être à celle de notre sens d'être imprégné dans une situation de servitude ou de dépendance.

Notre incapacité à atteindre la vraie liberté nous handicape. Elle nous conduit à un état de démence concevable. Nous devenons souvent des créatures inutiles qui parcourent la planète à la recherche de sens d'être.

Le sens de soi, si jamais nous pouvions le retrouver, serait relégué à ce que les autres s'assignent à eux-mêmes. Ce sentiment d'émancipation est ce qu'il est (ou ce qu'il pourrait être). Il est toujours sans conséquence, car il serait toujours subjectif. Par contre, ce ne serait pas nécessairement le résultat de notre propre perception. Cela ne reviendrait pas de notre subjectivité.

Nous sommes souvent perdus dans notre recherche de sens de soi. Nous sommes condamnés à tendre vers la liberté, qui, même si nous la trouvions, ne serait jamais la nôtre. Nous sommes condamnés à être des esclaves, tant dans le corps que dans l'esprit.

Notre perception de notre propre liberté est vitale pour notre propre existence. Le fondement de notre être dépend de notre capacité à le distinguer de celui des autres. Mais seuls quelques-uns d'entre nous comprennent la nécessité de préserver notre être dans un lieu social restreint. Seul un petit nombre d'entre nous comprend la nécessité de s'efforcer de survivre, au moins, à tout prix. Encore moins d'entre nous comprennent qu'un tel besoin ne pouvait dériver que de notre perception de notre état d'être à un moment donné. Notre perception de la liberté ne découle que de notre volonté d'être libre d'être quand ou où nous pourrions être ?

Discours sur la liberté humaine

10

À la recherche de la liberté

La recherche de la liberté pourrait devenir une stratégie pour échapper au poids de la vie. Si ce n'est pas le cas, cela pourrait devenir une illusion qui, de notre point de vue, pourrait aider à apaiser la calamité à laquelle nous sommes confrontés dans notre quotidien. Envisager sa liberté pourrait devenir un mode pour sa survie à long terme. Cela pourrait devenir un moyen d'apaiser l'amertume de nos conditions de vie.

Le désir de liberté apaise nos craintes les plus primitives. C'est une façon de nous rassurer que tout va bien se passer. Il nous donne un sens d'orientation.

Il renforce nos croyances sur notre existence. Il nous donne un sentiment de contrôle sur soi ou une illusion de cela.

Le moment où nous pensons que nous sommes libres, nous pourrions sentir le poids de la vie enlevé sur nos épaules. Faire en sorte que nous sommes libres nous donne un sentiment de soulagement dans notre monde. Cette réalité nous aide à faire face aux malheurs de notre existence. Elle nous aide aussi à saisir notre sens de précocité dans un monde où nous avons peu (ou pas) de contrôle.

Rechercher la liberté à tout prix nous donne un sentiment d'indépendance. Cette quête renforce nos notions (aussi erronées soient-elles) sur notre place dans l'univers. Ce sentiment rend la vie plus facile à accepter.

Nos croyances au sujet de la liberté nous procurent un sentiment de confort ; c'est ainsi, aussi faux qu'un tel sens de soi puisse être ou pourrait être. Ces convictions sont susceptibles de renforcer notre détachement supposé de tout ce qui est humain ou de tout ce qui pourrait être humain (ou naturel). Nous sommes conscients que la liberté, du moins, la façon dont nous l'envisageons est toujours difficile à discerner. Nous savons que nos circonstances ne pourraient jamais être autrement. Nous nous efforçons d'être libres, au moins, nous nous disons, tout en sachant que nous n'atteindrons jamais cet exploit, que nous sommes libres.

La liberté humaine (ou sa perception) n'est qu'un mirage dans un désert. Ce n'est pas réel. Au mieux, c'est un noyau de croyance. Au pire, c'est un rêve qui, nous le savons, ne se réalisera jamais. Mais nous nous efforçons d'être, tout en sachant que nous ne serons jamais la façon dont nous nous imaginons être. C'est l'essence de notre futilité dans ce monde. C'est aussi l'essence de notre quiddité. C'est la fondation de note sens de soi. C'est de cette façon que nous donnons de sens à notre actualité.

Nous nous embarquons en vain dans une recherche futile de sens de soi. Nous considérons la prospection elle-même comme une « liberté ». Comment pourrait-il en être de la sorte ? Comment pourrions-nous être libres simplement en voulant être ainsi ?

Nous ne pouvions pas être libres pour le simple fait d'essayer d'être libres. Déclarer le contraire serait illogique ; sinon, faire une telle demande serait manifestement pompeux. C'est ainsi que nous conceptualisons notre liberté. N'est-ce pas cela une tragédie ?

Malgré les perspectives antérieures, je ne pouvais pas rejeter la soif humaine de liberté en disant qu'un tel état d'être est tout simplement inaccessible. Je ne pouvais pas nier la passion humaine d'être libre. Je n'assimilerais pas une telle passion pour la liberté dans notre monde à un état d'indéterminisme qui est à la fois tangible.

Vouloir être libre n'est pas une indication de liberté au sens le plus tangible du terme. La liberté elle-même doit être disponible. Mais ce n'est pas du tout le cas.

L'indisponibilité de la liberté elle-même n'invalide pas sa nécessité. La quête de la liberté peut conduire à des réalités, ce qui pourrait accroître le besoin de liberté. Cela pourrait saper un tel exploit. Quoi qu'il en soit, le concept de liberté pourrait avoir des conséquences réelles.

La liberté (ou l'absence de celle-ci), dont les êtres humains recherchent, pourrait devenir un état d'être tangible. Il pourrait refléter un état transitoire de l'esprit. Le désir d'être affranchi pourrait éclairer la façon dont la personne se comporte dans son environnement à un moment donné. Mais plus nous essayons de nous émanciper de nos empiètements perçus ou conçus, plus nous devenons des esclaves. Plus nous essayons de nous libérer, plus nous plongeons profondément dans une toile de cages invisibles. C'est la source de toutes les tragédies humaines. C'est notre calamité, surtout lorsqu'il s'agit de notre démarche pour acquérir notre liberté dans des endroits où une telle prospection est improbable ou peut-être peu pratique.

Lorsque nous sommes confrontés à ce fait sordide, nous nous retrouvons dans un état de désolation. Nous vivons souvent dans le désespoir. Nous nous abandonnons à notre destin funeste. Nous nous débandons. Parfois, c'est ainsi de par notre incapacité de fabriquer notre propre liberté. D'autres fois, nous nous efforçons de survivre. Nous ne vivons que pour partager notre histoire sur cette terre. Nous chérirons aussi un rêve chimérique. Nous vivons avec l'espoir qu'un jour nous serons libres.

Au moment où nous réalisons que ne pouvions pas percevoir notre liberté ou nous nous rendons compte que n'avons aucune chance de la réaliser, notre monde pourrait s'effondrer. Même le monde entier pourrait

Discours sur la liberté humaine

être dépourvu d'espoir. La vie pourrait devenir une expérience affligeante. C'est cela le drame de l'exil.

Lorsqu'on ne vit pas chez soi, on a tendance à croire que les choses seraient meilleures ailleurs. Lorsqu'on ne vit pas chez soi, on a tendance à s'abdiquer à sa réalité, bien qu'avariée, croupissante et même vile qu'elle puisse être. On ne vivrait rien que pour sa liberté ou sa délivrance de son état de dépendance.

Ceux qui vivent ailleurs (soit en exil, dans le marquis ou dans d'autres circonstances perverties) ont souvent découvert qu'ils ne pourraient jamais être libres en terres étrangères. Outre les implications de ne pas être libre, les chances de ne jamais être libre pourraient déclencher une voile d'obscurité dans le monde d'un exilé ou de celui d'un immigrant. Être un étranger dans un milieu social pourrait compliquer l'existence d'une personne. L'individu pourrait facilement devenir invisible, voire même nuisible. Son existence pourrait devenir une tragédie.

Voyons le spectre de la liberté à partir d'une inclinaison pratique. Évaluons le sort des immigrants. Examinons les luttes des étrangers (illégaux ou autres) pour revendiquer leur liberté en Amérique. Mais faisons-le à partir d'une cosmologie philosophique.

11

Un choix contre sa liberté

Malgré la nature théorique du terme liberté, il y a un peu de tangibilité à la notion. Nous pourrions explorer le concept à partir d'un objectif pratique. Mais faisons-le dans ce contexte à partir de la vision du monde d'un immigrant.

Les questions qui méritent d'être posées ici sont les suivantes : les immigrants sont-ils toujours libres d'être ? Ont-ils le choix d'être de cette façon ou de cette manière en terres étrangères ? Pourraient-ils décider s'ils doivent endurer ou s'abandonner dans un milieu étranger ? Pourraient-ils décider de rentrer chez eux à un moment donné au cours de leur expérience ?

Discours sur la liberté humaine

Supposons que Patricia, une jeune femme du Honduras, ait quitté son pays natal pour immigrer ailleurs. Chez elle, Patricia vivait dans une situation lamentable et sombre. Après le décès de ses parents, cette jeune femme n'avait aucun moyen de survie.

La plupart des adolescentes dans le quartier de Patricia faisaient de petits boulots pour subsister. Certaines d'entre elles travaillaient dans la rue, toute en devenant de jeunes femmes de joie pendant la nuit. Patricia avait de grandes ambitions. Elle chérissait le rêve de se rendre en Amérique.

Patricia a quitté le Honduras à la recherche d'une vie meilleure ailleurs. Avec peu d'argent, Patricia a réussi à s'installer au Mexique. Elle s'est finalement retrouvée aux États-Unis. Elle est venue dans ce pays dans l'espoir de se faire une vie meilleure loin de sa terre natale.

Pourrions-nous dire que Patricia cherchait la liberté lorsqu'elle avait décidé de quitter son pays ? Pourrions-nous dire qu'elle a trouvé cette liberté à son arrivée aux États-Unis ? Connaîtrait Patricia une vraie liberté ? Réfléchissons à ces questions au fur et à mesure.

Considérons Marta. Elle est dans ses trentaines. Elle a quitté le Nicaragua pour les États-Unis. Marta vit à San Diego (dans l'état de Californie). Elle n'a pas de documents juridiques pour vivre en Amérique. Elle ne devrait pas être dans le pays.

La vie est dure pour Marta. En tant qu'une immigrante la jeune femme n'a pas de documents légaux. Marta vit dans la clandestinité. Elle a peur des fonctionnaires de l'immigration. Elle vit constamment sous le stress.

Marta redoute la possibilité qu'elle soit renvoyée au Nicaragua. Mais, quelle que soit sa situation, la jeune Marta ne veut pas quitter l'Amérique. Elle préfère vivre dans des conditions inhumaines sur un territoire étranger plutôt que de rentrer chez elle pour vivre dans une pauvreté abjecte.

La vie n'est pas rose pour Marta en Amérique. Sans les documents appropriés, elle ne peut pas trouver du travail. Elle a du mal à se nourrir. Malgré tout, Marta persévère. Chaque jour, elle s'efforce de survivre. Elle fait de petits boulots pour subvenir à ses besoins. Pourrions-nous dire que Marta est libre ?

Considérons la jeune Claudia. Elle est une immigrante aux États-Unis. Portant, elle n'a aucun document légal pour être dans ce pays. Claudia vient du Guatemala. Cela va sept depuis qu'elle vit en Amérique du Nord. Elle est ravagée par l'amertume.

Claudia a rencontré Ernesto. Ils sont tombés amoureux. Ernesto est un résident légal. Il vient aussi du Guatemala. Ernesto a promis d'épouser Claudia afin qu'elle puisse régulariser son statut. Le problème c'est que Ernesto a un tempérament chaud. C'est un grand buveur. Ernesto aime son *cervezas frias* (bières froides).

Quand Ernesto est sous l'influence de l'alcool, il peut devenir violent. Bien que Ernesto et Claudia aient un enfant ensemble, la vie est misérable pour Claudia. Ernesto se comporte de façon violente envers la jeune femme.

Pour Claudia, vivre avec Ernesto, c'est comme vivre en enfer. Il agresse la jeune femme constamment, le plus souvent, sans qu'elle ait causé ses propres malheurs. Les mauvais traitements que Ernesto soumet Claudia peuvent être verbaux. Ils peuvent être physiques ; ils peuvent être psychologiques.

Claudia voudrait quitter Ernesto. Elle se sent piégée dans la relation. Cependant, la jeune femme n'est pas certaine qu'elle serait en mesure de subvenir aux besoins de son enfant par elle-même. C'est là que réside son dilemme.

Dans le cas de Claudia, pourrions-nous parler de liberté ? Cette jeune femme, a-t-elle le choix d'être d'une certaine façon ou d'une autre ? Examinons un autre scénario qui pourrait nous aider à donner un sens à l'inévitable vérité à laquelle les immigrants sont souvent confrontés dans des milieux qui leur sont tout à fait exogènes.

Alonzo est un citoyen mexicain. Il est venu aux États-Unis avec un visa d'étudiant. Il a étudié dans une prestigieuse université. Le jeune homme ne pouvait pas trouver du travail. Doit-il rentrer chez lui ?

Considérons le jeune Joachim. Il est né au Mexique. Ses parents ont traversé la frontière vers les États-Unis pendant qu'il était tout petit. Ils cherchaient une vie meilleure pour le petit Joachim.

Le jeune garçon avait six ans lorsqu'il était arrivé aux États-Unis. De la sorte, il s'est assimilé dans le milieu social américain. Néanmoins, les parents du jeune homme n'ont jamais mentionné qu'il n'avait pas de documents légaux pour vivre dans le pays. Quand Joachim a eu ses dix-huit ans, le jeune garçon a découvert qu'il était en Amérique de façon illégale.

C'était un coup dur pour ce dernier. Il n'a aucun souvenir de sa terre natale. Il se sentirait comme un étranger là-bas.

Que peut faire le jeune Joachim ? Devrait-il retourner au Mexique ? devrait-il rester en Amérique, même s'il devrait le faire de manière illégale ?

Que diriez-vous de Félix ? Il avait dix-neuf ans lorsqu'il avait traversé la frontière entre les États-Unis et le Mexique. À l'arrivée de Félix aux États-Unis, des agents de la patrouille frontalière l'ont arrêté. Ils ont donné deux options au jeune homme. Soit il retourne au Mexique, soit il serait détenu dans une prison d'immigration. Ils ont dit que le jeune homme sera expulsé des États-Unis. Félix a-t-il un vrai choix ?

Dans les exemples cités précédemment, les protagonistes se sont retrouvés dans une situation difficile. D'une part, ils ont quitté leur pays à la recherche d'une vie meilleure. On pourrait dire qu'ils cherchaient à s'émanciper de leurs malheurs. Ils recherchaient tous la liberté. Peut-être cherchaient-ils la liberté économique. Toutefois, la vie qu'ils ont trouvée en Amérique n'est pas ce à quoi ils s'attendaient.

Ben Wood Johnson

Devraient ces immigrants prendre leur réalité en Amérique telle qu'elle est ? Devraient-ils sortir du pays ? Mieux encore, ont-ils le choix de quitter l'Amérique ? S'ils décidaient de ne pas partir, pourrions-nous dire qu'ils ont exercé leur liberté en acceptant leur nouvelle réalité sociale ? Ce sont des questions intéressantes. Peu de gens peuvent y répondre objectivement.

Discours sur la liberté humaine

12

La liberté dans le monde réel

Lorsque nous parlons de la liberté humaine, que voulons-nous dire? Quelles sont les implications d'être libres ou d'être perçues de cette façon? Pourrions-nous considérer un acte ou une omission comme une réalité indépendante dans la vie d'une personne? Pourrions-nous dire qu'un acte ou une omission exprime la liberté d'une personne ou l'absence de cela? Que voulons-nous dire lorsque nous parlons de liberté dans le monde réel?

Acquérir la liberté est beaucoup plus compliqué que la plupart des gens ne le pensent. Il est plus facile de dire qu'un tel ou une telle est libre d'être de cette façon

Discours sur la liberté humaine

ou de cette manière. Il est facile de prétendre que cela a été fait intentionnellement ou qu'une personne a omis de faire ceci ou cela de façon volontaire. Sans tenir compte des circonstances auxquelles une personne pourrait faire face, nous examinons rarement les contingences d'un acte ou nous apprécions rarement la cause (ou les causes) d'une action ou d'une omission. Nous considérons rarement les effets externes qui ont provoqué un acte ou une omission.

Lorsque nous parlons de liberté, nous sommes susceptibles de négliger les réalités qui pourraient obstruer l'état d'être libre. Nous sommes susceptibles de négliger l'actualité de cette liberté ou de la vision de celle-ci. Mais nous avons toujours tort lorsque nous parlons de la liberté que les autres sont supposés connaître dans leur quotidien.

Nous n'avons pas assez de connaissances sur la vérité que d'autres éprouvent dans leur vie pour faire une déduction claire sur leur réalité sociale. Nous ne pouvons pas toujours déterminer, du moins avec certitude, s'ils sont libres, et ceci dans le sens le plus tangible du terme liberté, ou si c'est vrai qu'ils sont libres (ou pourraient être libres) dans leur esprit. Autrement dit, nous ne pourrions pas être certains que d'autres personnes puissent voir leur liberté d'une posture qui ressemble à la nôtre.

En tenant compte des scénarios notés précédemment, il serait fantaisiste de prétendre que les protagonistes jouissent d'une réelle liberté, car il y avait d'autres événements, qui pourraient influencer leur choix ou l'illusion de cela. Ces réalités pourraient encombrer leur vision de leurs problèmes. Compte tenu de cela, les perceptions individuelles au sujet de la liberté, du moins dans les cas mentionnés, ne pourraient pas expliquer la réalité que ces personnes étaient confrontées.

Pour ainsi dire, je ne pourrais examiner l'histoire de ces immigrants dans le vide. Je ne pourrais non plus comparer l'actualité de ces personnages avec d'autres réalités sociales, qui pourraient ou ne pourraient pas avoir été évidentes pour eux. Je ne pourrais minimiser les circonstances qui les ont amenés à quitter leurs terres. De la sorte, je ne pourrais exagérer les ramifications psychologiques de ces réalités. Je ne pouvais ignorer leurs expériences sociales. Je ne pourrais pas parler de la liberté comme étant une réalité autonome. Je ne pourrais faire de conclusions inéluctables lorsqu'il s'agit de la réalité à laquelle ces personnes étaient confrontées en terres étrangères.

L'introspection que nous avons sur la liberté reflète souvent la présomption que nous avons que chaque individu est détaché de son environnement. Nous pensons que tout ce que la personne fait, c'est à partir d'un choix délibérer. Ce choix, nous sommes aussi convaincus, est basé sur l'évaluation des conditions de l'individu.

Certains pourraient dire que l'individu est le seul responsable de ses actes (ou ses omissions). L'individu est responsable de tout choix (pris ou omis). Ne pas faire un choix, certains exclameraient, serait la preuve de la liberté chez l'homme et c'est ainsi dans un sens mécanique.

Serait-ce une vérité, si je voyais mon monde et celui d'autrui sur cet angle ? Je ne dirais pas que c'est ainsi. En fait, je serais d'un avis contraire.

Toutes les actions (ou omissions) constituent une réponse à une réalité. Mais celle-ci n'est pas souvent engendrée par l'individu. Pour ainsi dire, la personne n'a pas nécessairement responsable de ses maux. Toute réponse, qu'il s'agisse d'une réplique à une action ou d'une omission, pourrait être une réaction à une action. Celle-ci pourrait concerner la personne directement ou indirectement. Cette action pourrait ne pas être liée à la personne en aucun cas.

Nous devons saisir la nature de l'interdépendance que l'individu expérimente dans son environnement. Il importe peu que cette personne se soit livrée à une conduite ou qu'elle ait omis un acte ou une conduite. Peu importe que la personne ait pris un acte dans un contexte particulier. Il est impératif de comprendre l'organisme qui pourrait inciter l'action ou l'omission.

Dans toutes les facettes d'un milieu social, les pensées sur la liberté chez l'homme sont toujours de natures illusoires. Une société, dans son organisation la plus fondamentale, repose sur une dépendance entre ses membres. Tant que l'homme évolue dans un espace social, il ne sera jamais libre. Il ne pourrait être seul. Il ne pourrait être indépendant. Il ne pourrait jamais jouir d'un état de liberté. Il n'est tout simplement pas indépendant. Il répond au caprice du milieu lui-même.

L'individu ne pourra pas être sans restriction. Il ne pourra pas être dans son être. Il ne pourra pas éviter d'être assujetti aux limitations du milieu. Il ne pourra jamais être libre.

Discours sur la liberté humaine

Être dépourvu de tout sens de liberté est une réalité pour l'homme. C'est son quotidien. C'est sa vie. C'est son existence.

En tant que tel, l'homme ne pourra jamais échapper l'emprise que l'environnement a sur lui. De la sorte, l'individu ne pourra jamais être libre. Dans le cas où celui-ci est tenu responsable de ses actions ou ses omissions, il ne jouira jamais d'aucune liberté.

Pour exister dans ce cauchemar, l'homme doit surmonter ses problèmes. Nous pourrions dire que chaque être humain est un survivaliste. Bien que nous ne soyons pas toujours conscients de notre inclination innée de survivre dans notre monde, nous arrivons souvent à cette prise de conscience à un moment donné de notre vie. Nous arrivons à cette conclusion même avant de mourir. Cela signifie-t-il que nous sommes toujours libres d'être ? Je dirais que non.

Pourrions-nous dire que l'individu joue un rôle dans son succès ou peut-être dans sa destruction ? Si la réponse est oui, dans quelle mesure pourrions-nous nous tenir responsables de nos propres malheurs dans un lieu que d'autres ont conçu pour nous ? Examinons ces questions du point de vue d'un existentialiste.

13

Une approche existentialiste sur la liberté

Un existentialiste, notamment un penseur dans la trempe de Jean-Paul Sartre, parle pompeusement de la liberté humaine. C'est comme si une telle façon d'être était le joyau de la vie. C'est comme si c'était l'essence même de l'existence humaine. Une approche existentialiste suggère que chaque être humain doit s'efforcer pour s'émanciper dans sa réalité.

L'existentialisme moderne projette des manigances intellectuelles sur la liberté humaine. Ces penseurs parlent de la liberté comme si c'était un état d'être

Discours sur la liberté humaine

inéluctable chez l'homme. Y a-t-il du vrai dans ces approches ? Je dirais que pas du tout. Les idées que véhiculent les existentialistes modernes sont erronées. Elles ne reflètent pas la réalité de l'homme dans son monde.

Les existentialistes modernes parlent souvent de la liberté comme si c'était facile à atteindre. Ils considèrent la liberté comme un passage obligé pour l'homme. Mais c'est une chimère.

Les existentialistes purement le concept de la liberté trop au sérieux. La liberté, de mon point de vue, n'est pas une *simple volonté* d'être. Il ne s'agit pas non plus d'un simple *désir* d'être dans le monde d'une façon ou d'une autre.

À partir d'un paradigme existentialiste, on pourrait dire que chaque être humain est libre d'être quand, comment et pourquoi. Cette dernière a le libre champ pour être comme bon lui semble. Néanmoins, ce n'est pas du tout le cas en aucun cas.

Je propose de débattre cette idée à fond dans les paragraphes qui suivent. Le prétendu enthousiasme qu'une personne pourrait pressentir pour la liberté est erroné. La perception de la liberté de l'autre est le résultat d'un point de vue subjectif de la réalité de l'autre.

Une vision existentialiste du monde préconise que la liberté octroie à la personne les moyens de s'efforcer de survivre. La personne contrôle son passé. Celle-ci pourrait façonner son présent. Elle pourrait aussi tracer son destin.

En considérant le terme liberté à partir d'un point de vue existentialiste, on pourrait dire qu'être libre dans ce monde c'est un signe d'une existence suprême. Cette perception du monde démontre l'indépendance de l'individu face aux empiètements naturels de son quotidien. Elle démontre aussi la capacité de la personne d'œuvrer contre sa nature. Mais cette idée, je dirais sans réserve ici, c'est une foutaise.

Du point de vue d'un existentialiste, lorsque la personne est libre, elle est dans un état de désinvolture par rapport à sa réalité. L'individu peut-être n'importe qui ou n'importe quoi. La personne est responsable de son monde. Mais ce point de vue, pour le redire, est illogique.

Cette perception de l'ontologie humaine suggère qu'il n'y a qu'un seul état de liberté dans le monde des hommes. Celui-ci c'est l'état d'être libre. Le problème

Discours sur la liberté humaine

c'est qu'il n'est pas clair si la liberté dont les existentialistes en parlent est tangible, abstrait ou peut-être les deux.

Quand les existentialistes parlent de liberté, de quoi parlent-ils vraiment ? Est-ce qu'ils parlent de l'actualité que vivent les gens à un moment donné ? Est-ce la liberté de l'esprit ? Est-ce la liberté du corps ? Est-ce une liberté générale ?

Supposons que la liberté dont les existentialistes parlent soit tangible, une fois qu'un état d'être libre a été atteint, pourrions-nous dire que la personne restera libre pour toujours ? Pourrions-nous dire que la personne n'aurait jamais le besoin d'être libre dans une situation donnée ? Les existentialistes modernes répondraient oui à ces questions. Néanmoins, leur approche, du moins, à mon avis, serait déraisonnable.

La mode de la liberté dont les existentialistes contemporains en parlent ne correspond pas du tout au monde réel. La liberté n'est qu'une facette d'être dans le monde. La liberté, pour ainsi dire, comme les humains conçoivent cette perspicacité, n'est pertinente que lorsqu'on en a besoin. Pourtant, une telle nécessité dépend toujours de l'entité qui a besoin de la liberté.

Atteindre cette liberté dépend aussi de l'entité qui chercherait à en priver les autres.

Dans le monde d'un homme, il y a toujours un besoin de se libérer de quelqu'un. Il y a toujours un besoin de se libérer de quelque chose. La question qui est de mise ici est de savoir si la liberté est toujours réalisable.

Il est important de considérer l'étendue de la liberté dans un milieu social. Il faut apprendre à apprivoiser certaines inclinations naturelles pour que l'on puisse être (ou pour ne pas être) d'une certaine manière. Il est de la plus haute importance de comprendre qu'il y a souvent un besoin de priver les autres de leur liberté. Pour jour de la liberté, il faudrait que les autres ne jouissent pas des leurs.

Qu'est-ce qui pourrait expliquer cette réalité absurde, vous pourriez me demander ? Comme réponse, je dirais que nous ne sommes pas libres. Dans le cas échéant, nous ne pourrions pas être libres d'un seul coup. C'est la nature de l'homme dans le monde.

Personne ne peut être libre à moins que l'individu qui a besoin d'une telle liberté en soit déjà privé. La liberté, si elle existait, serait un état d'être de courte durée. Il n'y a pas un tel état d'être dans le monde au sens le plus tangible. Ce n'est surtout pas ainsi dans un milieu social.

Personne n'est libre dans une ambiance sociale. La liberté irait à l'encontre de ce milieu. La liberté est antithétique à la société. C'est ainsi dans son état le plus fondamental. Avant de me répudier, permettez-moi d'expliquer pourquoi je dis cela.

14

Un état d'esprit indépendant

Alors que je proclame qu'il n'y a pas de liberté dans un éther social, la plupart des existentialistes modernes pourraient arguer que c'est le contraire. L'analyse que les existentialistes utilisent fréquemment pour déceler les empiètements humains (ou leurs absences) offre peu (ou pas) de clarifications pour saisir le besoin de liberté. Ce serait ainsi même si nous examinions la frivolité du terme liberté dans son sens le plus absolu ou dans un sens épistémologique.

La liberté, d'un point de vue existentialiste, est un état d'être facile à atteindre. Ainsi, tous les hommes

Discours sur la liberté humaine

sont libres ou tous les hommes ont cette potentielle. Mais ça, c'est une idée fixe.

Bien que dans le sens ontologique, le concept de liberté puisse être compris comme étant un état d'esprit indépendant, on ne pourrait pas en dire que c'est ainsi lorsque nous parlons de la liberté dans un lieu social. Le fondement de tous les environnements sociaux est l'interdépendance. Parler de liberté dans ce sens l'est malvenue. Évoquer l'existence de la liberté dans un tel milieu est absurde. Personne n'est libre dans un milieu social.

Parler de liberté comme s'il s'agissait d'un objectif liminaire dans l'existence humaine est un racket malavisé. Cela ne nous permettrait pas de comprendre la nature humaine. Nous devons saisir ce qui pourrait inciter un homme à lutter pour la liberté. Nous devons examiner la genèse (ou les raisons) qui pourraient empêcher la liberté dans un milieu social.

Toute société est injuste dans son ensemble. Mais un état d'oppression est antinomique à la liberté. Vu ces considérations, il ne peut y avoir de liberté. La création de chaque société résulte de l'oppression ou de la répression de toutes tendances vers la liberté. C'est ainsi que cette liberté soit consentie ou imposée. Le besoin de liberté est toujours une poursuite sociale.

Dans une sphère sociale, la liberté est rarement une question ontologique. Ce n'est pas à la personne d'être libre. C'est à la société de créer les conditions pour que celle-ci n'ait pas besoin de liberté. Mais l'individu ne réaliserait jamais un tel besoin tout seul, et ceci même face à ses calamités. Ce serait ainsi à moins que la société ne le lui révèle pas le besoin d'être libre. Pour ainsi dire, il ne peut y avoir de liberté dans un cercle social, car la manie d'être libre ou la soif d'un tel état d'être est contraire à l'existence du milieu social.

Il ne conviendrait pas à la société que la liberté soit possible. Si chaque personne pouvait être libre, le milieu social ne serait point. C'est le cas même en se basant sur le sens le plus théorique du terme « liberté ».

Le locus social où nous évoluons est un labyrinthe. Mais c'est aussi inévitable. C'est pourquoi il est important d'explorer les causes sociales qui peuvent gêner la liberté ou le besoin de survie. Il est important d'appréhender les réalités qui peuvent feindre le besoin de liberté chez l'homme.

La liberté n'est nécessaire que lorsqu'elle n'est pas disponible. Il est important de comprendre pourquoi

Discours sur la liberté humaine

les gens pourraient aspirer à une quête de liberté. Il est de mise de comprendre pourquoi acquérir la liberté est presque impossible. Il faut appréhender les raisons pour lesquelles certains ont besoin d'être libres. Il est aussi important de comprendre pourquoi acquérir la liberté est une chimère. Parler de la liberté dans un environnement interdépendant comme s'il s'agissait d'un état d'être indépendant est une aberration.

La liberté dont parlent les existentialistes n'est réelle que dans la mesure où le milieu social le rend possible. Mais un tel état d'être est antithétique avec l'existence de ce milieu. De la sorte, il y a une prolepse fondamentale dans la perversité de la liberté dans un contexte social. Les existentialistes, sans doute, ne sont pas conscients dans cette réalité.

15

Pourquoi devez-vous être libre

Les êtres humains ne sont libres que lorsqu'ils peuvent apercevoir cet état d'être. C'est ainsi quand ils pourraient interpréter un tel besoin. Mais pour arriver à un état où le besoin de liberté est évident, la personne devrait apprendre à réfléchir sur l'état de soi. L'individu devrait apprendre à reconnaître son être à l'état le plus intrinsèque pour pouvoir déceler la véracité de son état être en ce qui concerne sa liberté ou l'absence de celle-ci.

La personne doit être en mesure de s'examiner dans l'environnement où elle se trouve. Mais ce n'est pas toujours possible. Ce n'est même pas souvent faisable.

Il y a trop de diversions dans le monde de l'homme. Ces détractions tiennent souvent l'individu captif dans son corps et dans son esprit. L'individu est un captif. C'est ainsi mentalement et physiquement.

La personne est perdue dans ses afflictions sociales. Elle est négligée ; elle est délaissée à elle-même. Dans le cas échéant, la personne doit faire face à ses encombres sociaux toute seule. Mais celle-ci réussit rarement dans cette entreprise chimérique.

La personne pourrait mettre hors de l'esprit le besoin de subsister. Bien que celle-ci pourrait ne pas se souvenir de ses priorités pour survivre, elle pourrait ne pas réaliser la nécessité d'être libre. La personne pourrait se retrouver dans un état être moribond. Elle pourrait faire l'objet de sa situation sociale. Elle pourrait oublier d'être libre, car, dans son esprit, l'individu pourrait ne pas voir la nécessité d'une telle façon d'être.

La liberté pourrait être une condamnation à perpétuité. L'individu pourrait considérer sa liberté comme un fret. Il pourrait ne pas vouloir être libre. De même, l'individu ne voudrait peut-être pas que les autres soient libres. C'est cela la tragédie de l'homme dans son monde. Il est le captif de soi-même.

La personne pourrait demander à être détenue en captivité. Elle pourrait même concocter un plan pour se garder non seulement dans l'isolement, mais aussi pour maintenir les autres dans un état de confinement prolongé. Elle pourrait ressentir le besoin d'être en prison comme un moyen d'être libre. Du point de vue de la personne, elle préférerait être en servitude au lieu de laisser les autres jouir de leur liberté (être libres), car leur liberté pourrait être une menace pour son propre sens de soi. Cela pourrait être une entrave à son sens d'être.

L'individu pourrait penser que si les autres étaient libres, cela ne lui conviendrait pas. La liberté de l'autrui pourrait être un obstacle à l'état de captivité dont l'individu en bénéficie. L'émancipation des autres pourrait affecter le sentiment de liberté perçu ou réel chez l'individu. C'est cela l'absurdisme de la liberté humaine. C'est cela aussi ce qui caractérise la recherche de celle-ci.

Nous avons vu une réalité similaire pendant la montée fulgurante du coronavirus. D'innombrables personnes étaient du côté du confinement. Beaucoup d'entre elles pensaient que rester à la maison pendant la pandémie était la meilleure chose à faire. Pour ces gens, il était logique de priver les autres de leur liberté. C'était fascinant d'entendre (ou de voir) ceux qui se présentaient souvent comme des galants de la liberté demander à leur gouvernement d'emprisonner tout le monde au nom de la liberté. Cette réalité m'avait marquée d'une façon fracassante.

Lorsque quelqu'un évolue dans un état obséquieux (qu'un tel état soit mental ou physique), celui-ci pourrait ne pas voir la nécessité d'être libre. La personne pourrait renoncer à la nécessité de subsister au cas où elle ne serait pas en mesure de percevoir une menace immédiate à sa propre survie. L'individu retiendrait son état être tel quel est. Ce serait parce que cet état d'être pourrait lui convenir à court terme ou à long terme.

La personne pourrait s'efforcer de garder son être comme tel. Il est probable que cet être lui permettrait de se séparer de l'autre. La personne s'efforcerait sans relâche d'être (ou de rester) dans l'oppression. Elle ne serait pas en mesure de percevoir sa réalité comme étant opprimée. Ça, c'est le drame d'être en esclavage. La pandémie du coronavirus avait illustré ce truisme avec un panorama poignant.

Dans un tel état calamiteux, la personne pourrait ressentir le besoin de renoncer à soi-même. L'individu chercherait les moyens pour exister de façon fortuite. Pire, celui-ci pourrait empêcher les autres de trouver les moyens pour survivre au-delà de la chance. L'individu manquerait de dextérité introspective pour se sauver de ses aberrations. Il ne chercherait point à se défaire de ces empiètements sociaux, lesquels ce dernier y sont confrontés.

En revanche, l'individu pourrait devenir un instigateur de douleur et de souffrance pour les autres. Il chercherait à priver les autres de leur état d'être. Il chercherait à leur priver de leur liberté ou le sens de cela. Cette réalité était palpable pendant la pandémie. Je m'y croyais dans un rêve abstrus.

Discours sur la liberté humaine

16

Plaidoyer en faveur de l'autoconfinement

Pendant le pic de la pandémie du coronavirus, j'ai fait une expérience sociale assez intéressante comme ça. Aux États-Unis, là où je vis depuis des années, j'ai observé deux catégories de gens. Certains n'étaient guère contrariés de leur réalité. Certains se foutaient pas mal d'être privés de leur liberté ou de l'illusion de celle-ci. Cette réalité déprimante était fascinante aussi.

Il y avait ceux qui ne voyaient rien de mal dans le confinement. Ils y voyaient un compromis pour le plus grand bien. Ces personnes étaient susceptibles d'exiger plus de mesures de la part du gouvernement. Ces gens étaient déterminés à tout faire pour arrêter la propagation de la maladie.

À l'inverse, il y avait ceux qui, non seulement n'avaient pas de problèmes avec le confinement en soi, mais étaient également susceptibles d'exiger que d'autres l'acceptent en tant que tel. Ces personnes avaient encouragé le verrouillage social à un point où elles s'étaient elles-mêmes adonnées le devoir ou la responsabilité d'implémenter le confinement à tout prix. Ces gens avaient instauré les restrictions liées au confinement dans le sens le plus draconien que possible.

Dans de nombreux cas, ces gens avaient forcé à d'autres personnes de s'abdiquer au confinement corps et âmes. Dans la plus hypothétique des cas, des gens à propension servile, je dirais, et à la fois agressive aussi, imposaient (verbalement ou autre) leurs désirs de voir les autres mis sous verrouille. Ces individus avaient imposé leur forfait contre les gens les plus passifs avec zèle.

Certaines personnes avaient épousé une mentalité d'une foule en liesse contre ceux-là qui avaient une attitude un peu passive à l'égard de la propagation du virus. Ces gens étaient susceptibles de s'adonner à toutes formes de violences verbales et même physiques contre les opposants du verrouillage. Dans la plupart des cas, ces gens traitaient de parias ceux-là qui s'opposaient aux mesures de restrictions imposées par le gouvernement. C'était comme si ces gens voulaient non seulement qu'eux-mêmes soient en détention continuelle, mais aussi que les autres soient mis sous le même état de réclusion.

En observant cette incongruité dans ma localité, j'étais perplexe. Je réfléchissais tour à tour sur ce qui pouvait inciter une personne à demander à être privée de sa liberté. Je m'étais rendu compte que dans les deux groupes mentionnés ci-devant, il y avait quelques similarités intéressantes. Ces ressemblances méritent une analyse plus approfondie.

Mon évaluation dans ce contexte n'est pas scientifique. Il convient néanmoins de noter cette réflexion. Il était devenu apparent pour moi que ceux qui n'avaient rien vu de mal dans le confinement fussent bien placés dans la strate sociale. Autrement dit, beaucoup de ces individus semblaient mener une vie décente. D'une manière casuelle, je dirais qu'ils vivaient de manière confortable. La liberté, pour le dire ainsi, était ostensiblement le moindre de leurs soucis. Ces gens semblaient être bien ancrés dans leur milieu social.

De l'autre côté, ceux qui non seulement ne voyaient rien de mal dans le confinement, mais voulaient qu'il soit omniprésent, étaient sur une échelle sociale encore plus élevée. Ces gens semblaient être bien ancrés dans leur milieu. Ils semblaient être très aisés sur le plan économique. Ils semblaient aussi être motivés à soutenir le confinement pour d'autres raisons. Beaucoup de gens avaient un motif politique pour plaider en faveur du confinement de soi et d'autres.

Il y avait ceux-là qui s'opposaient au confinement gracieusement. Mais ces gens avaient pris cette posture non seulement pour des raisons politiques, mais aussi, il m'a semblé, à cause de leurs intérêts économiques. C'était un jeu duperie.

Aux États-Unis, l'épidémie de coronavirus s'est produite pendant une année électorale. La plupart des gens avaient des raisons politiques soit pour appuyer ou pour opposer au confinement. C'est alors que je m'étais rendu compte que leur position était bornée.

Je ne vais pas accentuer sur l'organe politique qui avait poussé certaines personnes à prendre une posture publique pour ou contre les mesures de confinement. Je ne vais pas perdurer sur les raisons économiques du confinement. Toutefois, un troisième groupe mérite d'être mentionné ici. Ces individus étaient prudents quant à l'hystérie du confinement. Mais ils avaient de bonnes raisons de se sentir ainsi.

Pour certains, le confinement s'apparentait à un purgatoire économique. Il y avait peu de différence entre mourir du virus et mourir de faim. Pour ces gens, leur gagne-pain dépendait de leur capacité à se déplacer. De leur point de vue, le confinement n'était pas bon pour leur survie.

Permettez-moi de souligner que ce travail ne concerne pas le coronavirus en soi. Il ne s'agit même pas de débattre les politiques licencieuses qui avaient guidé la réponse à la pandémie. Néanmoins, il est important de revoir la réalité sur un autre angle. Cela nous permettra de comprendre l'étendue de la liberté humaine.

Le coronavirus a illustré à quel point les humains jouissent de peu (ou pas) de liberté. En revanche, une aspiration à la liberté est ce qui nous maintient sains d'esprit face à notre isolement, qu'il soit mental ou physique. Le problème c'est que, dans certaines

Discours sur la liberté humaine

circonstances, même notre capacité d'imaginer notre liberté est impossible. Cette triste réalité arrive souvent aux immigrants, surtout lorsqu'ils évoluent en terres étrangères. C'est le cas, au moins, au début de leur voyage loin de chez soi.

L'immigrant doit trouver les moyens de se sauver. Nonobstant, la personne doit le faire au cours des moments les plus difficiles de sa vie. La personne doit se libérer contre toute attente. Quoi qu'il arrive, l'immigrant doit s'en sortir. Celui-ci doit le faire aussi à sa manière ou à sa façon. Mais se démêler tout seul d'une situation désastreuse en terres étrangères n'est pas toujours faisable.

L'immigrant se sent pris au piège dans son lieu social. Cette actualité incarne la calamité d'être un étranger dans un milieu conçu par les autres et pour les autres. La personne pourrait se trouver dans une situation désavantageuse. Celle-ci pourrait ne pas être en mesure de continuer à s'efforcer ; celle-ci pourrait ne pas être en mesure de subsister par elle-même.

La personne pourrait trouver nécessaire, sinon urgent de se familiariser avec la réalité, que d'autres ont toujours connue. Pourtant, ça se termine toujours par une tragédie. La personne va échouer dans sa tentative d'obtenir une meilleure expérience de vie pour elle-même. Mais il n'y a pas d'autres issues. La personne est tout simplement prise au piège.

L'immigrant ne pourrait pas rentrer chez lui. Il a quitté cet endroit dans la recherche d'une vie meilleure. Ce dernier ne pourrait pas s'empêcher de vivre dans des circonstances où il pourrait être forcé d'exister. La recherche de la liberté pourrait devenir une poursuite inaccessible, qui, à son tour, pourrait permettre à la personne de se maintenir en vie.

Qu'est-ce que l'immigrant pourrait faire dans des circonstances semblables ? Je ne saurais quoi vous dire. Alors que l'immigrant voudrait perdurer dans son milieu, cette survie pourrait être impossible, ceci dans son ensemble. La liberté d'être de cette façon ou de cette manière est toujours hors de sa portée.

Au milieu de tout cela, je dirais, l'immigrant doit comprendre sa réalité. Il doit s'adapter à cette matérialité. Pour ce faire — je dirais aussi —, l'immigrant doit réfléchir sur son sort. L'individu doit se pencher sur sa vérité quotidienne. L'immigrant, quel qu'en soit le cas, doit philosopher. Ce faisant, l'individu serait en mesure d'interpréter sa liberté ou tout sens de celle-ci.

Discours sur la liberté humaine

Vous me demanderiez peut-être, qu'est-ce que je veux dire en évoquant le terme philosophie ? Je ne vais pas me pencher sur le nœud de cette question. Je l'ai abordé dans un autre ouvrage. Voir le livre intitulé (*Cogito, Ergo Philosophus*) pour en savoir plus.

Le terme philosophie implique la capacité d'une personne à voir le monde pour ce qu'il est et non pas la façon dont les autres le lui projettent. Mais une telle capacité n'est pas innée. La personne doit développer cette aptitude introspective par elle-même, pour la sienne, avec la sienne, et pour son propre bien.

Il y a la dichotomie de vouloir être libre et de celui d'être en mesure d'être libre. Il y a l'infaisabilité de la liberté et l'incongruité de vouloir rester en captivité. Tout de même, il y a la magnanimité de la liberté ou l'illusion de cela.

17

Un changement d'état d'esprit

Lorsque j'étais à l'école secondaire, j'ai appris que la philosophie, et la vie ordinaire sont entrelacées. Je me souviens avoir réfuté cet argument avec zèle. J'ai été impliqué dans un débat houleux avec certains de mes camarades. Nous n'étions pas d'accord sur l'essence du terme philosophie.

Beaucoup de mes amis ont soutenu que chaque facette de la vie pouvait être examinée par un discernement philosophique. J'avais refusé de boire cette tasse de thé amer. J'avais rejeté cette velléité avec passion. Cela ressemblait à une approbation enveloppée d'une psychose intellectuelle, je me disais.

Je ne voulais pas participer à cette approche erronée d'un concept important. Je n'avais pas caché ce point de vue.

J'avais dit clairement à mes camarades de classe que je ne pensais pas que la philosophie pourrait être abordée à partir d'une approche *Terre-à-terre* (ou d'un point de vue trivial). Quelques-uns de mes amis ont été repoussés par mon refus d'ouvrir mon esprit à un fait désagréable, dont nous avions presque tous été témoins dans nos rituels quotidiens. Ils m'ont répudié comme quelqu'un qui poussait une vision aristocratique du monde. Bien sûr, je ne me voyais pas sous un tel prisme.

La vie n'est pas toujours « Champagne et Caviar », un bon ami avait rétorqué. La philosophie n'est pas ce qui ressort des soi-disant « usines du savoir » ou des universités prestigieuses, a souligné quelqu'un d'autre. Quelques-uns de mes camarades de classe ont fait valoir que ces lieux sont motivés par le désir d'emprisonner la personne dans son esprit, en lui inculquant des notions qui ne reflètent pas le monde où il demeure. Une telle approche du monde réel, j'avais répliqué, n'est pas seulement pompeuse, mais elle est aussi dégradante pour la personne, qui fait souvent face à une réalité quotidienne avilissante.

Il ne m'avait pas pris trop de temps pour avoir un changement de perspective. Après un examen approfondi de ma propre vie et de la vie de ceux qui m'entourent, j'avais trouvé nécessaire de modifier mes croyances sur le rôle de la philosophie dans l'existence humaine. J'ai compris que j'étais la preuve vivante que la philosophie et la vie ordinaire s'entremêlent. J'avais compris que c'était le cas, et ceci dans le sens le plus fondamental du terme philosophie.

Pendant cette période, je vivais dans un milieu social sordide. J'étais prisonnier dans ce centre urbain en décomposition. Ma grand-mère a grandi dans cet environnement. Ma mère a grandi dedans. J'étais aussi sur le point de faire partie de ce terrible locus. Dans ce milieu, la pauvreté était une norme ; c'était une vérité inéluctable. Il n'y avait pas d'exception.

Alors que tous ceux que je connaissais dans mon quartier étaient pauvres, personne n'avait accepté son état de décrépitude. Tout le monde cherchait une stratégie qui lui permettrait de sortir de ce labyrinthe social. Beaucoup de gens essayaient (difficilement, c'est le moins que l'on puisse dire) de s'émanciper de cet horrible imbroglio. Toutefois, certains avaient cherché une issue, tout en essayant de maintenir un pied ferme dans le milieu.

Tous ceux que je connaissais dans mon quartier voulaient subsister au-delà du hasard. En effet, la plupart des gens survivaient. Vraiment, seuls quelques-uns étaient certains de leur lendemain. Seuls quelques-uns avaient un plan de survie à long terme. Les autres vivaient au jour le jour. Pendant qu'ils survivaient, ils ne pouvaient le faire que par hasard.

Comme j'ai été témoin de cette tangibilité sociale déprimante, je ne voulais pas finir comme mes voisins. Je voulais m'affranchir de l'horrible matérialisation sociale qui m'attendait. Je cherchais un moyen de sortir de mon actualité. Moi, cependant, je voulais subsister sans fortune.

J'avais vu mon éducation comme mon ticket pour la liberté économique. Être érudit, je pensais, était mon seul moyen de sortir de ma situation de pauvreté éternelle. En grandissant dans le milieu, j'ai vite compris que ma vie dépendait de l'arène sociale elle-même.

À ma grande surprise, j'ai découvert que mon éducation n'avait que peu (ou rien) à voir avec ma survie à long terme. J'ai compris qu'il fallait être libre et que ma capacité d'être comme ça se croisait. Cette réalité, j'avais compris, était chimérique en nature, et ceci pour ne pas dire que c'est contraire à ma nature. Mais cette intersection, à son tour, m'avait donné la liberté ou un sentiment de cet état d'être. J'ai compris que j'avais un rôle à jouer dans mon propre destin.

Alors que j'étais un captif de mon décor social putride, j'ai conclu que je pouvais créer un moyen d'y échapper, quoique superficiellement. J'ai compris que je pouvais être libre ou je pouvais me dire que je suis comme ça. Alors, je ne me faisais pas d'illusions sur ce que mon destin me réservait.

J'ai conclu que la seule façon d'arriver à cet état (ou la perception de cela) était pour moi de philosopher. C'est la seule façon, je pensais, pour une personne qui évolue en captivité d'être libre. Sinon, c'est une façon de vivre un tel état d'esprit.

Oui, je suis un philosophe. J'ai commencé à examiner mon entourage depuis que j'étais tout petit. Au fil du temps, j'ai compris ma précocité dans mon milieu social. J'ai compris ma vulnérabilité dans ce milieu. Je me suis comporté d'une manière à maintenir mon existence, et ceci à tout prix. En d'autres termes, j'ai su prendre le contrôle de ma vie ou de ma destinée. Est-ce que cela voudrait dire que je suis libre ? Est-ce que cela impliquerait que j'ai toujours été libre ?

J'ai toujours cogité. J'ai toujours philosophé. Du même coup, j'ai toujours cherché à m'émanciper de mes emprises sociales. Est-ce que cela voudrait dire que j'ai toujours été libre ? Je dirais que pas du tout.

Je le concède aussi ; j'ai toujours cherché ma liberté. De la sorte, si j'ai été vraiment libre, bien que cela impliquerait un autre débat, ce que je préférerais mettre de côté pour une autre aventure littéraire, est-ce que je le saurais ? La réponse est idem. Ce ne serait pas ainsi. J'avouerais tout de même ici que j'ai constamment été en quête de ma liberté. En tant que tel, j'ai toujours été imbu de ma réalité. J'ai toujours pris des mesures pour m'y affranchir. Toutefois, je ne m'étais jamais vu (ou même me considérer) ainsi.

Je suis d'accord avec mes camarades de classe maintenant. La survie humaine, la liberté et la capacité de réfléchir sur la réalité de sa matérialité sociale (ou autre) se croisent. Si vous pouviez penser, vous pourriez aussi vous émanciper de tout empiètement ainsi imposé ou si superposé. Tout compte fait, cela ne signifie pas que vous seriez libres. Tout ce que cela

Ben Wood Johnson

signifie, c'est que vous pourriez créer votre propre sentiment de liberté, et ceci même dans un état de servitude perpétuelle.

Discours sur la liberté humaine

18

Être né prisonnier

La plupart des gens n'existent que pour être réduits en esclavage. Ils aiment être privés de tout sentiment d'autonomie parce qu'ils ne l'ont jamais eu. Ils ne savent pas ce que signifie être libre ou se sentir libre.

L'isolement devient souvent un mode de vie pour ces individus. Ils ne pourraient pas être eux-mêmes, à moins qu'ils ne soient du ressort des autres. Ils ne pourraient pas être libres, à moins qu'on leur dise qu'ils sont libres.

Il y a une dépendance absurde entre l'individu et le collectif. La plupart des sociétés ont été conçues pour refléter cette réalité amère. La plupart des environnements sociaux ont été conçus pour attirer l'individu. Ces lieux ne pouvaient exister que si la personne ne pouvait pas.

Les obstacles sociaux sont conçus pour emprisonner la personne, non seulement dans son âme, mais aussi dans son corps. La plupart des règles sociales sont conçues pour capturer la personne dans son être physique. C'est ce qui pourrait expliquer pourquoi l'incarcération est la forme préférée de punition, en particulier pour ceux qui osent désobéir aux règles sociales. C'est pourquoi la privation sociale est aussi un moyen de punition privilégié pour ceux qui osent rêver de leur émancipation. Néanmoins, il n'y a rien de mal à s'efforcer pour être soi-même.

Si vous lassiez, que vos problèmes deviennent une partie de votre existence, vous vivriez dans un état de servitude pour toujours. Si vous pouviez subsister face à vos calamités, alors vous pourriez connaître la liberté ; sinon, vous pourriez expérimenter quelque chose qui s'apparenterait à cela. C'est l'essence de vos difficultés dans ce monde. Vous devez trouver un moyen pour 'être dans ce monde, et ceci même si cet état d'être pouvait être improbable ou impossible.

Ben Wood Johnson

La vie et la philosophie sont relatives à des circonstances analogues. La survie dépend de la capacité de la personne à réfléchir. Ce faisant, la personne saurait qu'elle n'est pas libre. La personne se comporterait de cette façon. J'ai tellement apprécié cette idée que je suis devenu un fervent partisan de cette conception.

La recherche de la liberté est l'histoire même de l'humanité. La triste vérité est que nous vivons dans un labyrinthe existentiel. En tant qu'un immigré, cependant je dirais aussi d, je suis constamment conscient de mon être. Je sais que je suis coincé dans ma réalité.

Je suis conscient que je ne pourrais pas quitter l'endroit malsain qui caractérise ma condition sociale sinistre. Chaque jour, je m'efforce de survivre. J'accepte ma véracité. Je m'immole. J'apprends à endurer. J'apprends à être selon la façon dont les autres veulent que je sois. Et donc, je m'abaisse humblement devant mon destin inéluctable dans un monde que je n'oserais (ou ne pourrais) changer.

Cela signifie-t-il que je suis libre de partir, mais je refuse de le faire ? Cela signifie-t-il que je suis libre parce que j'accepte ma nouvelle réalité sociale ? Les existentialistes répondraient dans l'affirmatif en ce qui me concerne. Néanmoins, ils se tromperaient sur ma réalité. Seulement moi est imbu de ma réalité, et ceci bien qu'affligeante que celle-ci puisse vous semble.

À un jeune âge, j'avais quitté mon pays natal. J'avais immigré en Amérique. Depuis mon arrivée sur cette terre étrangère, ma vie est devenue difficile. Pour faire face à ma réalité décolorante, j'ai eu recours à de nombreuses stratégies. J'ai tout fait pour tenter de subsister. Au cours de mes calamités, je réfléchis souvent sur ma vie quotidienne. Je m'adapte constamment à mes circonstances. Je supporte tout ; je persévère dans mon désir d'exister.

Cela n'a pas été facile pour moi. Je trébuche tour à tour. En dépit de tout, je continuerais à m'efforcer. Je survivrai jusqu'à la fin de mes jours sur cette terre maudite.

Être un immigrant est une tragédie pour beaucoup de gens. Nous ne pouvons pas jouir de notre liberté (perçue ou réelle) ou d'aucun sens de cela. Nous ne pouvons pas prétendre être libres, car notre existence est souvent relative aux réalités de notre latitude sociale. D'ailleurs, si nous nous retrouvions sur la mauvaise voie, nous pourrions perdre notre essence.

Nous savons que nous ne sommes pas libres. Nous savons que nous ne pourrions pas être comme nous pourrions le faire. Nous savons que nous ne pouvons pas oser à être comme nous aimerions être. Autrement dit, nous ne pourrions pas nous sauver de notre réalité absurde ou abstruse.

La plupart des immigrants vivent dans un état de prison mentale. Ils évoluent dans un état de servitude physique et économique. Malgré cela, ils s'efforcent, constamment parfois, de s'émanciper de cette situation sinistre. Ils vivent avec des espoirs. Cependant, ils ont appris à accepter leur réalité. Ils s'efforcent souvent pour la retenir ou même la maintenir.

Les immigrants réussiraient-ils au-delà de la chance en terres étrangères ? Même s'ils s'y rendaient, est-ce que cela durerait ? Les réponses sont inévitablement subjectives. Autrement dit, vous seul pourriez évaluer votre niveau de succès à cet égard. Vous seul pourriez déterminer si vous êtes libres d'être. Vous seul pourriez vivre avec le fardeau de vouloir être libre. Par conséquent, vous devez décider si vous avez *besoin* de la liberté ou si vous *voulez* vivre cet état d'être comme un moyen de s'émanciper d'une réalité sociale putride.

Dans tous les cas, vous seul devez concrétiser l'actualité que vous rencontrez dans votre quotidien. La réalisation de la liberté (ou l'illusion de cela) est toujours un effort personnel.

À ce stade du manuscrit, reconsidérons quelques-unes des questions posées antérieurement. Compte tenu de certaines des affirmations reprises dans ce texte jusqu'à présent, diriez-vous que vous êtes toujours libres d'être, peu importe comment vous pourriez être, et ceci à un moment donné, dans un lieu précis ou dans des circonstances données ? Même pendant la pandémie de coronavirus, diriez-vous que vous étiez libres ?

Pour le bien d'un argument cohérent, disons que vous n'êtes libres d'aucune façon ou d'aucune manière. Pensez-vous que vous pourriez vous émanciper de vos empiètements, qu'ils soient sociaux, mentaux ou physiques ? Pourriez-vous vous débarrasser de l'emprise de votre milieu social à temps voulu ? Pourriez-vous être simplement pour être qui vous êtes ? Pourriez-vous être au-delà des attentes du collectif ? Ce n'est pas l'essentiel.

Disons que vous reconnaissez que vous êtes en effet captif de votre milieu social. Pourriez-vous être libres dans l'esprit ? Pourriez-vous vous débarrasser de votre état mental d'isolement perpétuel ? Est-ce qu'il y a une liberté à avoir et tout ce que vous avez à faire est de l'atteindre ? Pourriez-vous être libres (que ce soit dans la chair ou dans l'esprit) ?

Je vous mets au défi de répondre à l'une des questions précédentes par l'affirmative. C'est-à-dire, je suis convaincu qu'il n'y a pas de liberté à avoir sur cette pierre appelée terre. Cela étant dit, vous pourriez choisir de rester dans un état de mauvaise foi perpétuelle. Vous pouvez prétendre que vous êtes libres. Vous pouvez même vous persuader que les autres sont libres. Est-ce que cela serait ainsi dans le sens le plus tangible ? Serait-ce aussi une indication de votre liberté de voir mon monde et le monde des autres de cette façon ? Je ne dirais pas ça du tout.

Discours sur la liberté humaine

19

L'importance de la philosophie

Tout choix, ainsi imposé ou aussi superposé, est une obligation. Par conséquent, il n'y a aucun moyen d'être autre que de sélectionner l'une des options ainsi présentées. Ce faisant, l'option non sélectionnée est également un choix. Autrement dit, si un choix est d'*être* ou de *ne pas être*, alors tout penchant, qu'il s'agisse d'une action ou d'une omission, ne pouvait pas être un signe de liberté. Au contraire, ce serait une matérialisation de votre captivité où ce serait un signe de votre incapacité à être libre.

Vous pourriez être en mesure d'atteindre un sens de votre propre état de liberté. Vous pourriez même faire face à une obligation, ainsi imposée ou si superposée. Pourtant, cette perception, en soi, serait toujours une illusion, car elle ne pourrait être qu'une interprétation subjective d'une réalité particulière, qui pourrait ne pas refléter votre actualité. En tout cas, je ne pourrais pas interpréter votre sentiment de liberté pour vous. En fait, personne d'autre ne pourrait le faire pour vous. C'est pourquoi je ne pourrais que vous laissiez être le juge de votre propre réalité.

Ce que je dis ici, c'est que lorsqu'il s'agit de ma propre liberté (ou du sens de celle-ci) dans l'intellect le plus abstrait, je comprends mes limites. En outre, je comprends mes possibilités ou l'absence de celles-ci. Néanmoins, je sais que je ne suis pas libre dans le sens intrinsèque. De même, je sais que lorsqu'il s'agit de votre liberté (qui est peut-être réelle ou surréaliste), vous seul pourriez l'interpréter. Ainsi, je reconnais que je n'ai aucune idée de la nature de votre sens de liberté.

Je n'ai pas pu faire aucune généralisation sur votre perception de votre actualité. Je ne pouvais pas prétendre d'avoir un aperçu de votre réalité. Je ne pourrais même pas prétendre de comprendre votre rationalité. En conséquence, lorsqu'on parle de liberté dans le sens le plus tangible, je dois reconnaître que je n'ai aucune idée de ce que cela veut dire, et ceci même pour mon propre bien. Cela ne signifie pas que nous ne pouvions pas rêver de notre liberté. Naturellement, cela ne signifie pas non plus que nous ne pourrions pas poursuivre un tel état d'être.

La question devient ; comment pourrions-nous percevoir notre propre réalité ? Quel rôle cette perception pourrait-elle jouer pour nous aider à développer notre liberté (réelle ou perçue) ? Dans ces cas, il n'y a qu'une seule réponse. C'est-à-dire, nous devons philosopher.

La philosophie, je fais souvent écho, est l'histoire des êtres humains dans toute leur gloire ou dans tous leurs défauts. C'est une histoire racontée à partir du prisme de la personne qui la vécut. La philosophie est le seul moyen durable pour la personne de comprendre son essence dans le voisinage social où elle évolue. C'est une porte d'entrée pour bien comprendre le monde matériel. C'est le seul chemin vers la liberté ou vers une illusion similaire.

L'histoire de l'immigration nous concerne tous. C'est l'histoire de ceux d'entre nous qui vivent loin de notre environnement naturel. C'est l'histoire des immigrants du monde entier.

J'ai vécu des moments qui ne pourraient être toxiques que pour mon être. Il est vrai que ma souffrance pourrait ne pas être évidente pour quelqu'un d'autre. Mais de tels cas ne pourraient être réalisés que dans le domaine introspectif. Je pourrais seulement évaluer ma propre matérialité dans le monde. Je pourrais seulement sentir mes tribulations. Seulement moi pourrais être moi-même. Ma liberté, ou tout sens de cela ne pouvaient qu'être dans mon esprit.

L'évaluation de mon actualité au sens le plus tangible ne pourrait être possible que dans l'esprit. Sinon, c'est mon propre esprit dans ce cas. Évaluer ma liberté de la même manière ne serait possible que par le domaine philosophique. Ce qui est un état d'angoisse pour une personne, une autre le percevrait toujours différemment, car ce qui constitue une souffrance pour un individu serait toujours une expérience différente pour quelqu'un d'autre. Ce qui est une douleur atroce pour une personne saurait toujours perçue d'une manière différente.

Quitter son environnement pour un autre endroit (ou pour une autre ambiance sociale) n'est pas toujours facile. Il faut du cran pour se réveiller un jour et laisser ses circonstances familières derrière soi. C'est souvent le cas, peu importe à quel point une telle réalité pourrait être souillée ou aussi dégradante qu'elle puisse être. Il est difficile de se déraciner d'un endroit pour aller ailleurs. Il faut un homme pour en sauver un autre, même si cet homme pourrait être lui-même.

Je l'admets ici ; se sauver de son état de réclusion n'est pas facile. Peu de gens peuvent le faire. Peu de gens peuvent se sauver eux-mêmes.

Être libre ou sentir son état d'être de cette façon ne fait aucune différence. Face aux calamités auxquelles on fait face dans ce monde, être libre ou se sentir libre n'a peut-être pas de sens tangible pour la personne. Ne pas comprendre sa matérialité dans un milieu social pourrait conduire à sa mort prématurée.

En tant que personne vivant à des kilomètres de ma patrie, je sais que je ne suis pas libre. Pour le redire, je ne me fais pas d'illusion à cet égard. C'est peut-être pour cela que je n'ai pas pu me sauver de ma propre extinction existentielle. Mais ce n'est pas à cause d'une indulgence de ma part.

Je suis peut-être un lâche. Mais peut-être que je suis pratique. Il y a aussi la possibilité que je puisse être à l'écoute de mon existence plus que vous ne le pensez.

Discours sur la liberté humaine

Je suis peut-être plus sage que vous ne l'imaginez. Il est aussi probable que je ne le saurai jamais.

Bien que je reconnaisse que je ne suis pas libre, je ne suis pas sur le point d'accepter ma situation sans riposter. J'envisage des solutions de rechange. Seulement, mon existence n'a pas été acculée à un point où je sens que je n'ai rien à perdre en me séparant de mon malheur. Pour le moment, j'ai beaucoup à perdre. Je suis également conscient de cette réalité.

Ce qui est irréfutable, c'est que je suis attaché dans mon lieu social. De fait, je suis dans une prison mentale. En conséquence, je ne peux pas fuir ma réalité sordide aussi facilement que cela puisse vous sembler.

Je ne suis pas seul dans mon dilemme. Beaucoup d'immigrants vivent une réalité similaire à la mienne. C'est cela la tragédie d'être enfermer dans une cage mentale en terres étrangères.

20

La liberté comme un travail en futilité

La plupart des gens ne peuvent pas se libérer de leurs réalités pour des raisons qui leur sont inconnues. Parfois, il y a des êtres chers, ce qui pourrait rendre difficile à une personne de quitter un endroit, qui pourrait extirper la vie de cette dernière. Pour ainsi dire, il pourrait ne pas avoir un moyen sûr de se libérer du milieu où l'on se retrouve cloitrer sans aucune porte de sortie. De cette façon, l'individu pourrait ne pas avoir de liberté. Cela pourrait être ainsi pour tout le monde, et ceci pour ceux qui vivent dans des circonstances similaires.

Une personne ne pourrait pas toujours laisser des souvenirs derrière pour s'embarquer à la recherche d'une vie meilleure ailleurs. Pour le redire, il faut un homme pour sauver un autre. La triste vérité c'est que la plupart d'entre nous ne sont pas assez forts, nous ne sommes pas assez hommes ou nous ne sommes pas à l'écoute de notre environnement social à un point où nous pouvons comprendre la responsabilité que nous avons à préserver notre vie.

Nous ne nous rendons pas toujours compte que nous avons l'obligation de vivre pleinement. Face à nos difficultés, nous sommes susceptibles à ignorer notre penchant pour survivre. Pour subsister au-delà de la chance, nous devons obéir à nos instincts. Nos intuitions se trompent rarement. C'est la bonne marche à suivre. Mais nous devons nous convaincre de cet état d'être.

Beaucoup d'entre nous ont confrontent des réalités amères. Pour ainsi dire, nous sommes obligés à philosopher. Pourtant, nous philosophons (nous cogitons) rarement.

Certains d'entre nous sont enclins à blâmer les autres pour leurs malheurs. Cela signifie-t-il que nous sommes libres dans la mesure où d'autres sont également libres ? Je dirais que non. La liberté (ou la perception de cela) est personnelle.

Des gens sont enclins à se blâmer pour leurs épreuves. Nous nous punissons nous-mêmes. Nous nous engageons dans une autodestruction, qu'elles soient physiques, mentales ou psychologiques. Nous sommes susceptibles de nous rendre victimaires pour avoir été des victimes. Est-ce une bonne stratégie pour subsister à long terme ? Est-ce cela un signe inéluctable de notre liberté ? Je dirais que non.

Malgré notre sinistre et notre quiddité, se faire du mal n'est pas la meilleure façon de régler nos problèmes. Bien que je puisse percevoir ma liberté d'une certaine façon, je ne peux pas blâmer le monde pour mes malheurs. Je ne peux pas blâmer les autres pour mes adversités, surtout en tant qu'un immigré. Mais je refuse de me blâmer. De même, je refuse de haïr les autres pour mes calamités sur leurs terres.

Je comprends ma précocité en tant qu'un immigrant. Je ne me fais aucune illusion sur la possibilité que ma vie pourrait être meilleure ailleurs. C'est l'essence même de ma liberté. Je refuse d'être selon la façon dont mon milieu social voudrait que je sois. Je refuse de me permettre de devenir autre chose que moi-même. Si la liberté que j'ai, c'est la liberté de rester fidèle à ma nature.

Malgré mon actualité, je ne haïrai jamais ceux qui me détestent. Je ne deviendrai jamais comme ceux qui se sont consacrés à nier ma liberté ou le sens de cela. Je ne serais pas comme ceux qui ne veulent pas me laisser être. Je ne peux pas avoir de rancune contre ceux qui m'ont refusé un endroit pour être moi-même.

Je ne peux pas être comme ceux qui m'ont réprimandé pour avoir cherché une vie meilleure sur leurs terres. Eux aussi vivent la même servitude mentale dont je suis confronté. Nous sommes dans la même prison économique. Nous sommes dans la même situation urbaine et malsaine. Nous vivons la même réalité collective sordide. Notre vie sociale est déprimante et humiliante.

Dans le sens le plus tangible du terme liberté, nous ne sommes pas libres. Nous ne le serons jamais. Malgré cela, cela ne signifie pas que la recherche de la liberté est une entreprise futile. Au lieu de cela, c'est l'essence de notre survie, je dirais.

21

Ma maturité philosophique

Depuis mon expérience au lycée, j'ai développé une dépendance existentielle sur ma capacité à philosopher. Je réfléchis continuellement sur ma réalité quotidienne ou même circonstancielle. J'examine constamment le comportement des gens autour de moi.

Alors, à chaque instant de ma vie, je réfléchis à des façons tangibles pour améliorer mon existence. J'arrive à des stratégies pour ma survie à long terme. Je suis à l'écoute de ma subsistance d'une manière que je n'aurais jamais crue possible auparavant.

Je suis conscient de moi-même. Je suis conscient des actions que les autres prennent (ou font) autour de moi. Je suis conscient des actions que d'autres omettent, soit par conception ou par inadvertance, autour de moi. Je me méfie de ce qu'ils font (ou ne font pas) pour moi. Je suis à l'écoute de ce que les gens font (ou ce qu'ils omettent de faire), ce qui pourrait m'affecter de façon négative.

Au fil des ans, j'ai appris à devenir un seul avec ma nature. J'ai compris que j'ai toujours fait partie du cosmos. Si Dieu existe, il ou elle fait partie de moi, car je suis une partie de lui ou d'elle. Je prends toujours la vie quotidienne (ou le mondain) au sérieux. J'ai trouvé ma force intrinsèque.

Au milieu de la misère que caractérise la vie elle-même, la plupart des immigrants découvrent que leur force intérieure est beaucoup plus puissante qu'ils pourraient l'imaginer. Au milieu de mon labyrinthe social, j'ai compris que j'ai toujours eu le pouvoir de façonner ma fortune, même si je ne suis pas sûr que je puisse changer radicalement mon destin dans le monde des autres. Je m'aventure au jour le jour pour changer ma réalité. Dans mes limites, je le fais chaque fois que je sens que je pourrais réussir dans cette entreprise.

En vieillissant et en devenant de plus en plus mature, j'ai compris que je ne suis pas la seule personne qui pourrait réfléchir sur sa vie. C'est le cas dans le sens le plus fondamental du mot « Cogito ». Tout comme je peux voir mon actualité dans mon monde, d'autres sont témoins de leur réalité du même point de vue.

Cela dit, j'ai ma (propre) subjectivité au sujet de mon état de liberté. Je suis sûr que vous avez le vôtre aussi. Dans ce cas, je ne m'attends pas à ce que le mien soit compatible avec le vôtre. Ainsi, vous devriez avoir des attentes similaires.

Discours sur la liberté humaine

Postface

Tout au long de ce travail, j'ai voulu exposer les implications pratiques sur la liberté. J'ai cherché à explorer les ramifications d'être libre (ou de ne pas être de cette façon en aucune circonstance). Il était important d'examiner les effets de la liberté humaine (ou de l'absence de celle-ci) qui sont de nature pratique.

D'une manière tangentielle, le texte cherchait aussi à relier les luttes auxquelles les familles immigrantes sont souvent confrontées, car elles s'efforcent, sans relâche parfois, de s'adapter dans une localité étrangère. Pour atteindre ces objectifs,

Discours sur la liberté humaine

j'ai proposé une approche simpliste. C'est peut-être la meilleure façon de comprendre les irrationalités sur la liberté humaine. J'ai examiné le concept à partir d'un état d'esprit peu sophistiqué. Ce faisant, j'ai proposé une approche *terre à terre* pour comprendre l'intellection de la liberté humaine.

Je voulais apporter une nouvelle perspective dans la conversation. Tout au long de ce manuscrit, j'ai interrogé les préjugés intellectuels sur la nature de la liberté humaine. Sans équivoque, j'ai rejeté le point de vue, qui soutient que les êtres humains sont toujours libres ou qu'ils sont toujours libres d'être.

La recherche de la liberté est entrelacée avec la recherche d'un sens de soi. Toutefois, la mesure dans laquelle le besoin d'une personne de trouver les moyens de survivre pourrait donner des résultats tangibles n'est pas claire. Lier la liberté humaine à la recherche d'un sens de soi pourrait mener à une impasse. Ces concepts ne sont pas nécessairement liés.

Malgré les concessions précédentes, la recherche de la liberté pourrait être à la fois une quête futile et une démarche indispensable, que la personne doit concilier à un moment donné. Ce faisant, elle pourrait développer le sens du soi. Peut-être en se découvrant, la personne pourrait se trouver au milieu de la calamité, qu'elle doit endurer comme une condition préalable pour être libre ou pour percevoir un tel état d'être dans le monde.

Dans ce livre aussi, j'ai cherché à examiner à quel point la liberté (ou la vision de cela) est quelque chose qu'un homme ordinaire pourrait faire par lui seul, concevoir ou même apercevoir par lui-même. D'un point de vue unique, j'ai cherché à expliquer à quel point la liberté humaine s'entremêle avec les moyens existants pour exister en dehors du hasard, et ceci dans un monde chanceux.

Ma conclusion est irréfutablement démoralisante. Autrement dit, il n'y a pas de liberté, je dirais. Dans tous les cas, l'être doit s'efforcer d'exister. Il doit subsister. Cependant, la capacité de s'efforcer ou la capacité de subsister, en soi, ne pourrait pas être la liberté dans le sens le plus tangible.

En somme, j'ai offert une vue *concrète* dans le débat. Vice versa, il était important de faire valoir mon point de vue aussi judicieusement que possible. Si vous avez encore des doutes sur les points de vue exprimés ici, je vous encourage à voir mes autres œuvres sur la liberté humaine.

Gardez à l'esprit que mon approche sur la liberté humaine est simple. De mon point de vue, la liberté n'est pas de ce monde. Quoi qu'il en soit, je pense que la capacité de reconnaître cet état désagréable d'être permettrait aussi à l'individu de concrétiser sa propre réalité dans un monde conçu pour capturer son existence.

Une concrétisation de son état de réclusion dans le monde pourrait propulser l'individu à œuvrer pour s'affranchir. Elle pourrait rendre possible un sens de soi. Elle pourrait faciliter à la personne un sens d'*être* soi-même, et ceci au-delà du hasard. Si vous voulez interpréter cette hypothèse comme étant une liberté dans son ensemble, vous êtes libres de le faire.

Index

Ben Wood Johnson

À propos de l'auteur

BEN WOOD JOHNSON, Ph.D.

Le Dr Johnson est un observateur social, un philosophe et un érudit multidisciplinaire. Il écrit sur le droit, la théorie juridique, l'éducation, les politiques publiques, la politique, la race et la criminalité, et l'éthique.

Le Dr Johnson est diplômé de l'Université Penn State et de l'Université Villanova. Il est titulaire d'un doctorat en leadership éducatif, d'une maîtrise en sciences politiques, d'une maîtrise en administration publique et d'un baccalauréat en justice pénale.

Discours sur la liberté humaine

Le Dr Johnson a travaillé dans l'application de la loi. Il a fréquenté le John Jay Collège of Criminel Justice. M. Johnson parle couramment plusieurs langues, dont français, l'espagnol, le portugais et l'italien.

Le Dr Johnson aime la lecture, la poésie, la peinture et la musique. Vous pouvez contacter le Dr Ben Wood Johnson par courriel. Vous pouvez également le joindre via les services postaux. Pour d'autres moyens de communication, voir les informations énumérées ci-dessous.

Adresse postale

Eduka Solutions
330 W. Main st #214
Middletown, Pennsylvania 17057

Messagerie électronique

Adresse e-mail : tkpubhouse@gmail.com

Médias sociaux

Trouvez le Dr Ben Wood Johnson sur les plates-formes médiatiques suivantes.

Twitter : @benwoodpost
Facebook : @benwoodpost

Vous pouvez trouver le Dr Ben Wood Johnson sur d'autres plates-formes en ligne, y compris son site de blog officiel à www.benwoodpost.org. Vous pouvez visiter son site web à www.benwoodjohnson.com. Si vous souhaitez en savoir plus sur les œuvres du Dr Johnson, vous pouvez les trouver sur sa librairie officielle à www.benwoodjbooks.com.

Discours sur la liberté humaine